多様性の時代と変化する子育て事情

ソーシャルワークから考える子育て支援のアップデート

一瀬早百合 著

福村出版

はじめに

「孤育て」や「子育て罰」という言葉を聞いたことがあるでしょうか。現代の日本における子育ては、そのように評されるほどつらく、過酷なものとなってしまっています。そして、子どもを産まないという選択をする人々が増えつづけています。2005（平成17）年に『国民生活白書』において「子育ての社会化」が重要であると論じられてから、20年が経過しようとしています。しかし、親の一番近くにいる子育て支援の現場、保育所、学校、加えて小児医療や看護の臨床でなされる支援はどれだけ変化したのでしょうか。「子育ての責任は親にある」という前提で実践がなされているのではないかという問題意識から本書を執筆しました。

筆者はソーシャルワーカーとして、30年余り子どもやその家族の支援をし、それに関わる医療・福祉・教育現場へ出向きコンサルテーションをしています。この30年の時代の変化は非常にスピードが速く、またドラスティックなものだと感じています。ソーシャルワーカーは人間の営みを「環境」との相互作用という視点で理解するので、常に時代への感覚の鋭敏さを求められます。30年前の子育て状況と現在の子育ての「環境」や「常識」は大きく異なっていますが、それらを理解しない支援を筆者は目の当たりにしてきました。

「やっぱり、お母さんががんばらないと子どもは変わりませんよ」

「最終的には、子どもは親で決まってしまいますよね」

「私たちは親の役割を果たすことはできないでしょう、子どもにとって親に勝るものはないから」

「今の親たちはたくさんの子育てサービスがあって、甘えていますよ」

このような言説は、ある意味「真実」のようにも聞こえますが、「子育ての社会化」はどこにいってしまったのでしょうか。単なるお題目に過ぎないのでしょうか。また、支援者は時代の変化による子育ての困難さを理解しているのでしょうか。本書では、このような言説に対して時代とのメモリ合わせをすることで、「常識」を更新できることを期待しています。

加えて、もう一つ問題意識があります。それは、研究や新たな知見と実践の場との大きな乖《かい》離《り》についてです。大学に研究・教育者として身をおく立場としての反省でもありますが、研究のレベルにおいて「常識」を更新する新しい理論や考え方が創出されても、実践現場には届いていないというもどかしさがあります。たとえば筆者の専門である「障害のある子どもをもつ親」の研究では、「子の障害をいくつかの段階を経て受容する」という理論を超えて、障害のある子どもをもつ自分自身の「人生の意味づけ」が重要であることが、10年以上前に明らかにになっています。けれども、実践現場ではほとんど知られておらず、それに基づく支援が組み立てられることはありません。依然として、古く的外れな支援が継続されています。現場はとにかく忙しいです。学術論文や専門書などをじっくり読む時間をなかなか作り出すことができないことも承知しています。

そうした状況をふまえ、本書は難しい専門書という形態をとらず、筆者の経験やコラムを用いて、現場の支援者の読みやすさを重視した一般書として書かれています。

加えて、支援者だけではなく社会全体が時代や社会の変化に応じて子育ての理解をアップデートすることを目指しています。現代社会のありようを「子育て」という視点で読み解くことができるでしょう。その背景には、研究やデータといったエビデンスをふまえていますので、安心してお読みいただければと思います。「科学」に裏付けされた新しい理論や考え方を「社会実装」、すなわち実践の現場で安定して使っていただくまでが研究者の責任だと考えています。そして、本書を読まれたみなさまに、最新の子育て事情をふまえたこれからの子育て支援の「社会実装」を託したいと思います。

最後に、本書の構成について簡単に説明します。

第1~2章では時代の変化に着目し、現代の子育て状況とそれに関連する科学の進展について説明しています。第3章では、子育ての場となる家族というものを歴史的な変化から読み解いていき、第4～5章では、最新のアタッチメント研究やそれに基づく子育て支援の新しい考え方について紹介します。つづく第6章では障害のある子どもと家族について解説します。筆者は30年余り、障害のある子どもの親支援の研究と実践を両輪で行っているので、「障害受容論」を超えた新しい理論を丁寧に紹介しています。そのため、第6章はボリュームたっぷりとなっています。

第7～8章は、支援者が具体的に実践するためのアセスメントの視点や相談援助の方法であるマイクロカウンセリングについて、理論だけでなくすぐに実践場面で活用できるように、わかりやすく解説しています。最後の第9章では、支援者自身のメンタルヘルスや傷つきのシェアを筆者の経験なども提示しながら述べています。

第5章までは、時代の変化や新しい子育ての知見に関する読み物として楽しめるかと思います。第6章以降は実際に支援や臨床にかかわっている方にとって、すぐに活用できる考え方や技術が多く、有益になるでしょう。第9章にはどなたにとっても役立つメンタルヘルスのヒントがあります。

本書が子育て支援、保育所・幼稚園、学校、児童福祉施設、加えて小児医療や小児看護の場の支援者を通じて、多くの子どもやその親および養育者の well-being（ウェルビーイング）や幸福に寄与できることを願っています。

多様性の時代と変化する子育て事情
——ソーシャルワークから考える子育て支援のアップデート

もくじ

序章

ソーシャルワークの視点で考える

ソーシャルワークという言葉をご存じでしょうか。あるいは、ソーシャルワーカーという専門職について、見聞きしたりかかわったりしたことはあるでしょうか。

少し古い話になりますが、2011（平成23）年の第82回アカデミー賞で助演女優賞・脚色賞を獲得した『プレシャス』という映画があります。この映画で、ノーメイクのソーシャルワーカーを演じた歌手のマライア・キャリーのおかげで、世界的に知名度が上がったといわれています。また、日本のテレビドラマでも、深田恭子が社会福祉協議会のコミュニティソーシャルワーカーを演じ、ゴミ屋敷に住む孤独な独居老人との心の交流から問題解決に向かう『サイレント・プア』（2014年）という作品がありました。

ソーシャルワーカーとは、人間と環境との相互作用に着目し、その双方に働きかける専門職です。福祉・医療・健康などさまざまな分野で活躍していますが、イメージしやすいのは、児童相談所で児童福祉司として児童虐待が起きた家庭の子どもと親の関係調整や、病院のメディカルソーシャルワーカーとして退院援助などを行っているものでしょう。

臨床心理士やカウンセラーなどと比べてみると、ソーシャルワーカーが一体何を専門とし、どんな仕事をしているのか、まだまだ知られていないことが多くあると思います。専門職としての国家資格化の時期からみても、心理の国家資格は2017（平成29）年に「公認心理師」としてスタートしましたが、社会福祉の国家資格である「社会福祉士」は1987（昭和62）年、「精神保健福祉士」は1997（平成9）年と、おおよそ30年前に誕生しているにもかかわらず、いずれも知名度は低いままのようです。

しかし、時代の抱える問題の複雑化・多様化に伴い、ソーシャルワーカーには大きな期待が寄せられています。2008（平成20）年にはスクールソーシャルワーカー、2024（令和6）年にはこども家庭ソーシャルワーカーが認定資格として登場しています。

本書はソーシャルワークの視点を土台に、子育て支援について理解を深めることを目的としています。なぜソーシャルワークの視点が重要なのか、まずは以下の節からソーシャルワークについて詳細に説明しましょう。

1　ソーシャルワークとは何か

やや堅苦しい話になりますが、ソーシャルワーカーの独自性や専門性は、「環境の中の人間(person in environment)」という人間理解を基盤とすることにあります。個人のパーソナリティ（ミクロ）にのみ着目するのではなく、利用者の社会環境にも目を向け、所属している学校や職場（メゾ）の調整や、はては制度や法律など（マクロ）の社会変革まで多次元を対象にします。環境のレベルを、個人や家族の小さな単位をミクロ、地域や所属集団など中間的な範囲をメゾ、法律や制度施策、「常識」とされる考え方――社会的言説と呼びますが――を大きなレベルとしてマクロと整理して考えます。

また、ソーシャルワークには価値・知識・技術という3つの構成要素が必須です。どれ一つ欠けても、それはソーシャルワークではありません。問題や課題の状況を把握し、その解決・改善のための適切な援助活動を行うためには、専門的な知識や技術に加えて価値や倫理が求められます。ソーシャルワークの3つの構成要素である価値を基盤とした知識・技術については、第8章について詳しく解説しましょう。

「環境の中の人間」という考え方は国際ソーシャルワーク連盟（ＩＦＳＷ）による世界共通の国際定義に基づいています。国際ソーシャルワーク連盟の２０２４年7月現在の加盟国は１３

7か国で、300万人以上の会員がおり、全世界のソーシャルワーカーはこの共通基盤をもって活躍しています。社会福祉士の全国的団体である日本社会福祉士会では、IFSWの国際定義に基づき倫理綱領を作成しています。倫理綱領の原理の一つに、「すべての人々を生物的、心理的、社会的、文化的、スピリチュアルな側面からなる全人的な存在として認識する」と掲げられています。全人的な存在という原理が多次元の環境の中で生きるという人間観とつながっているのです。

1 環境の中に生きる人間として理解すること

ソーシャルワークでは、人間を独立したものではなく、「環境」の中に存在するという捉え方をします。環境というと住まいや自然などをイメージするかもしれませんが、それだけでなく、ある人間の周囲にある人々や所属集団、法律や慣習など、多次元にわたるすべてを含んでいます（一瀬 2022）。それらから影響を受けて人間は生活していると考えます。私たちはけして真空管の中に生きているわけではありませんよね。「同調圧力」という言葉が流行《はや》ったように、私たちは常に周囲のムードや他者のまなざしを意識しながら生きています。

たとえば、人間の指は5本です。けれども、まれに6本の指をもって生まれてくる赤ちゃんがいます。日本という文化の中では「多指症」という診断がつき、異常とみなされます。そのことに多くの親たちは驚愕し、ショックや悲しみの感情におそわれます。そしておおよそ1歳になる頃に、外科的な手術で一番小さな指を切除します。ところが中国のある村では、指を多くもっている子どもは神様の生まれ代わりとされ、その地域の中で非常に尊重される存在となります。崇《あが》められ、信仰の対象にすらなるのです。このように、人間に生じる出来事や問題をその個人に帰して考えるのではなく、その環境との関係の中でどう取り扱われているのかという視点で考えていくことを大切にしています。

もう少し具体的に、児童虐待のケースで考えてみましょう。

人間を独立した存在として捉えると、たとえば、母親による児童虐待事件が起こった際に、「虐待する母親が未熟である」「母親として愛情が不足している」、あげくの果てには「鬼母」と断罪して母親だけに責任を課す論調となりがちです。しかしそれでは、何の解決にもつながりません。個人から家族へと視点を広げると、父親は育児に協力しているだろうか、祖父母は支援してくれる状況にあるか、周囲の家族のサポート不足が児童虐待に影響を与えていないかと考えることができます（ミクロ）。もう少し外側の環境である地域や友人との関係へ目を向けると、母親が困ったときに気軽に子どもを預かってくれる友人や近隣があれば、虐待は起こらなかったかもしれません（メゾ）。さらに広げて考えてみると、保育所や地域子育て支援拠点が通いやすい場所に整備されていれば、母親は孤立状況におかれずに、安心した気持ちで子育てができていたかもしれません。これは、施策や制度の課題となります（マクロ）。

さらに大きなマクロな次元では、社会のもつ価値観（社会的言説）に問題があるとも考えられます。児童虐待をする母親が「母親は子どもを無条件に愛して当然である」という考え方に苦しめられて、それができない自分をさらに責めて虐待が生じるケースがあることは、複数のルポライターが報じています（杉山 ２０１７）。個人－家族－地域－制度－社会的言説といった多次元との関係の中で、どこに問題があるかを考えることで支援の方法がみえてくるのが、ソーシャルワークの専門性といえるでしょう。

2 社会の「流れ」に鋭敏でなければならない

ソーシャルワークの視点でもう一つ重要なポイントは「現在」という時代を意識することです。「真実」とされていることも、時代の変遷により変化していくことが明白だからです。子育ての「定説」もかなり大きく変わってきています。

たとえば、新生児への白湯《さゆ》の与え方はこの30年余りで変わりました。30年以上前に子育てをした読者のみなさんは、新生児を沐浴《もくよく》させた後に水分補給として白湯を与えるように、助産師や産婦人科医師から指導されていたと思います。今では母乳やミルクには十分な水分があるため白湯は与える必要がなく、むしろ、とろみのない白湯はむせの原因となるため推奨されません。母乳を与える際の母親の乳首拭きについても同様です。新生児の口から何らかの雑菌が入るかもしれないと、かつては乳首を清浄綿で消毒することが徹底されていましたが、現在は消毒用の薬剤の成分が新生児に悪影響があるかもしれないといわれています。

他にも、紙おむつが登場して2〜3年間は、布おむつでないと濡れた感覚がわからず、排泄《はいせつ》の自立が遅くなると育児書などにも書かれていました。紙おむつを子どもにしていると保育士から注意され、保育所に布おむつを持参する親も多くいました。今では笑い話に聞こえるかもしれませんが、子育てにまつわるあたかも正しいとされている定説は、時代や便利さの発展の中で変化していきます。10年後には、ＡＩによる絵本の読み聞かせが一般化しているかもしれません。子育て支援をする際には、このような時代とのメモリ合わせや、自らの「常識」の更新がとても重要です。

加えていえば、地域や文化という広がりに対しても同様のことがいえるでしょう。欧米では新生児のうちから親と別室で寝かせることが当然ですが、それはアジア圏では親の愛情不足と捉えられるかもしれません。子どもへの体罰についてみると、２０２４年現在、世界で子どもに対する体罰を全面的に法律で禁止している国は65か国です。それ以外の国ではまだ体罰が容認されているということになります。自国で当然とされている「常識」を絶対視しない、それぞれの地域・文化での「定説」を尊重することも、ソーシャルワークでは大切にする考え方です。

離婚に対する考え方の変遷について、興味深い研究があるので紹介しましょう。読売新聞の悩み相談コラム「人生案内」での回答者の助言を通して、離婚に関する社会的な言説を明らかにした論文があります（野田 ２０２４）。この研究によれば、１９５０年代以前には「夫婦に愛がなくても子どもの幸福のためには離婚は我慢するべき」という考え方が根強かったものの、1970年代に「夫婦の間には愛情があるべき」という考え方が一般化すると大きな変化が起きます。「子どもにとって、自分のために両親が不仲でありながら結婚生活を続けるのは耐え難い生活である」という回答が複数出現し、「両親の不仲＝子どもの不幸」という認識が常識となっていきました。1950年代以前には、夫婦仲と子どもの幸・不幸は関連しないと考えられていましたが、1970年代半ば頃から夫婦仲が良いことが子どもの幸福であることがあたかも定説のように扱われ、現在まで継続して強化されていると述べられています。

どちらの時代も「子どもの幸せ」を理由にしているにもかかわらず、離婚を踏みとどまらせたり、逆に推奨したりと、全く反対のアドバイスがなされてきたのは面白い現象ですね。時代の流れとともに「常識」が変化するということを見せつけられます。みなさんは、子育て支援をしている親から離婚について相談されたら、何を根拠にどのように助言するでしょうか。

本書では、社会のさまざまな変化や科学の進展とともに、一見当たり前とされて疑いすらもたない考え方が、子育てにどのような影響を与えているかを解説していきたいと思います。

2　新たな資格「こども家庭ソーシャルワーカー」の創設

前節で少しふれましたが、2024年4月からこども家庭ソーシャルワーカーという認定資格が創設されました。こども家庭庁が所管する初めての認定資格です。社会福祉士や精神保健福祉士というソーシャルワーカーの国家資格があるにもかかわらず、子どもや子育て家庭に特化した資格がなぜ新たに作られたのか、その背景をみてみましょう。

厚生労働省の報告書によると、子ども、その保護者、家庭を取り巻く環境は、①未就園児が一定数存在し、就園前の子どもの親は孤立しがちな傾向にある、②児童虐待相談対応件数は増加しており、深刻な虐待の死亡事例も毎年一定数存在する、③支援について十分な質や量が確保されておらず、ニーズに対して適切に届けられていない、という厳しいものであると分析しています。

特に深刻な状況が、児童虐待による死亡事例の検証結果（第17次、厚生労働省 2021）からみえてきます。心中以外の虐待死事例は56ケースあり、子ども・子育てサービスの利用を確認すると、保育所の利用が7例で、その他の支援である養育支援訪問や一時預かり、短期入所などの利用は0～3例でした。さまざまな子ども・子育て支援のサービスがあるにもかかわらず、支援を必要とする家庭に届いていないことにより、虐待で子どもが命を落とすという不幸な出来事が起こる実態がうかがえます。こうした状況をふまえ、支援を必要とする未就園児・子育て家庭の把握の不足、母子保健と児童福祉の連携と支援のマネジメント力の不十分さ、児童相談所における専門性の向上の必要性という課題が明らかとなりました。それらを解決するために、こども家庭ソーシャルワーカーという資格が創設されたのです。

また、子どもも家庭福祉は、自ら意見表明することが難しい子どもへの支援、家庭全体を捉えた虐待予防、親子分離を伴う保護などの介入的ソーシャルワーク等の専門性が必要とされる分野とされています。こども家庭ソーシャルワーカーの専門性の柱は以下の3つとなっています。

①こども家庭福祉を担うソーシャルワークの専門職としての姿勢を培い維持すること
②こどもの発達と養育環境等のこどもを取り巻く環境を理解すること
③こどもや家庭への支援の方法を理解・実践できること

本書は、こども家庭ソーシャルワーカーを養成するためのテキストではありません。こども家庭ソーシャルワーカーという新たな資格を誕生させなければいけないほど、子どもを育てるという営みがこんなにも困難になってしまった時代を、ソーシャルワークの視角から鋭く分析します。そして、子どもとその家族の尊厳を大切にする支援ができるような新たな視点を提示していきたいと思います。

［引用・参考文献］
一瀬早百合（2022）『社会福祉とわたしたち』萌文書林
厚生労働省（2021）「令和3年度 社会保障審議会児童部会社会的養育専門委員会　報告書」

(https://www.mhlw.go.jp/content/11920000/000896223.pdf)
杉山春（２０１７）『児童虐待から考える――社会は家族に何を強いてきたか』朝日新書
野田潤（２０２４）「家族の近代と親密性の論理」筒井淳也・永田夏来・松木洋人編『家族・親密圏』〈岩波講座 社会学　第10巻〉岩波書店、１３３－１５６頁

第1章
現代社会における子育てとは

少子化の問題がクローズアップされるようになったのは1990（平成2）年に公表された1・57ショックがきっかけです。1・57という数字はその前年の、一人の女性が一生の間に産む子どもの数とされる合計特殊出生率の数値です。1966（昭和41）年のひのえうまの年の1・58より下回ったことで、日本社会に大きなインパクトを与えました。

少し余談になりますが、ひのえうま（丙午）とは十干と十二支を組み合わせたもので、丙は「火の兄《え》」で、午は「正南の火」（真南の方角）であるところから、この年には火災が多いとされ、またこの年に生まれた女性は気性が強く夫を食い殺すという俗信があります。

1・57を契機に国や地方自治体はさまざまな少子化対策を講じていますが、なかなか改善の兆しはありません。むしろこの数年は悪化の一途をたどっています。それはいま現在、子育てしている親たちが幸せそうに見えないということに大きな理由があるでしょう。

また、親たちだけでなく、政治においても現代の子育ては「子育て罰」と2022（令和4）年の国会においても議論されるほど、苦難を伴うものとして認識されています。語源は「チャイルドペナルティ」とされ、OECD（経済協力開発機構）の報告書に初めて登場した言葉です。子どもを育てることによって背負うキャリアの中断や賃金格差などを指すものとされています。この言葉が日本では「子育て罰」と訳され、出産・育児による賃金下落だけでなく、広い概念で子育て世代に「罰」を与えるかのような社会の価値観、政策、企業慣行等を含む場合もあります。社会学者の古市憲寿は著書の中で、子育てをしている友人の台詞《せりふ》として「東京での子育ては、まるで罰ゲームみたいだ」と紹介しています（古市 2015）。

次節からは、具体的になぜ子育てをしている親がハッピーではないのか、親たちの生きづらさをみていきましょう。

1　現代の子育て事情

1 ママカースト制で本音を語れないママたち

「ママカースト」という言葉を知っていますか。ママ友のコミュニティには「ママカースト制」という序列が暗黙に存在し、本音を安易に言えない状況があります。「最近なんか、疲れちゃって、子どもをかわいいって思えないんだよね」などとちょっと愚痴れば、「ダメ母」のレッテルが貼られ、グループから外されることにもなりかねません。筆者があるママから聞いた話ですが、保健所で実施される1歳6か月健診で、子どもが応答の指差しができず、言葉の遅れを指摘されたことを、ママ友のグループLINE《ライン》に書き込んだところ、LINEのグループメンバーから外されたということがあったそうです。

現代の若者はママになって初めて序列化にさらされるのではなく、中学・高校時代にすでに「スクールカースト」のある学校空間で過ごしています。スクールカーストとは、「クラス内における非公式な階層的グループ関係」のことで、上位層・中位層・下位層をそれぞれ「一軍・二軍・三軍」などと表現することがあります。基本的には、一軍＝陽気でリーダー格の生徒、二軍＝中間的で好成績な生徒、三軍＝オタク系で地味な生徒といったイメージが強いようです。

青春時代にスクールカーストの序列の中を生き抜いてきたわけですが、ママカーストがスクールカーストと比べ複雑なのは、母親当事者ひとりで序列が決まるものではなく、子どもや夫のスペックや能力が加味されることにあります。

❷ ママカーストのあれこれ

ママカーストの基準は多岐にわたります。

⑴ 社会的地位・経済力・学歴

まずは、表面的にわかりやすいものとして、昔から結婚の好条件としてある社会的地位や経済力が挙げられます。一流企業の管理職であるとか、官僚など、安定した高収入が保障されている職業は有利です。これらは学歴とリンクしていることが多く、国公立大学、もしくは早慶上智・ICU等といわれる大学出身者は上位になります。現在、専業主婦のママであっても、出身大学によってママ友グループの中でコミュニティを作ることがあります。

最近の傾向としては、必ずしも学歴とは関連のない新たな仕事も出現しています。IT技術者やベンチャー起業家などは、大きな組織に属さなくても、個人の能力が高ければ、雇用されているサラリーマンではけして得られない高収入を得ている場合もあります。

⑵ 住まい：物件の価値

そもそも、ママ友コミュニティのエリアは限定されているので、お互いの住まいがわかります。賃貸物件に居住しているのか持ち家なのかが、まずは重要なポイントです。持ち家の場合は昔のように一戸建てがベストではなく、むしろマンションの方が都会では有利となる場合があります。同じ分譲マンションに居住していても、部屋のフロアが最上階であるとか角部屋であるとか、価格を反映した序列が生まれています。

⑶ 出自：実家の社会的地位や経済力

実家の経済力や保有財産は、子育てしている親の生活に非常に大きく影響します。実家の所有している不動産に子育て家族が居住している場合には、家賃も住宅ローンの支払いも必要なく、その分を他の支出に回すことができ、ゆとりある豊かな暮らしとなります。また、単なるお金の問題だけでなく、実家との行事や長期休暇の過ごし方――たとえば、ホテルのレストランを貸し切ってのお誕生日パーティーや、夏休みを別荘で過ごすなど――が楽しく豊かであることは、カーストの上位にランクする条件となるでしょう。

⑷ 子どもの能力および学校や習い事

子どもの成績の優劣や運動能力の高低は、ママカーストに直結します。学校や塾での成績はもとより、住んでいる自治体の絵画コンクールで入賞した、所属しているジュニアサッカーチームが県大会で優勝したということなども含まれます。加えて、どのような教育方針や理念をもつ幼稚園もしくは保育所に子どもを通わせているのか、学童期になれば私立の小学校を選択する方がランクは上になります。習い事であっても全国にチェーン展開している体操・水泳・音楽教室では平均より下となるでしょう。ピアノよりもバイオリン、大手メーカー経営よりも紹介や口コミでしか知ることのできない個人教室が有利となります。

⑸ ビジュアル：見た目の美しさ・カッコよさ・かわいさ

タイトルどおり「ビジュアルの良さ」は先の⑴～⑷と同等、もしくはそれらを超える条件となる可能性もあります。高身長でスタイル抜群のイケメンパパ、目がぱっちりとした愛らしい娘、品の良さと優しさがあふれ出る雰囲気のママなどは、狭いコミュニティの中でもてはやされるスペックとなるでしょう。

⑹ マナーや振る舞い

約束を守るというのは当然ですが、たとえば幼稚園や小学校のＰＴＡで作成書類などを締め切り日より前に仕上げることができれば、相手の立場を考えて行動していると評価されます。他にも、子どもが友だちの家に遊びに行った際のお礼の仕方、たとえば相手へのお返しに負担をかけない程度の品物が選択できること、ママランチ会の際に先にお料理がサーブされた人に「お先に召し上がって」と声をかけられるかなど、場面に応じた一般的なマナーを超える振る舞いが求められます。

⑺ センスの良いコーディネート

ここでいうコーディネートはファッションだけに限定されません。ＴＰＯ（Time：時間、Place：場所、Occasion：目的）をわきまえた服装や、それに見合った行動をすることが基本となりますが、テーブルコーディネートやプレゼントのセンスの良さも重要です。たとえば、自宅にお茶会として招いたときには、どんなティーカップでもてなすかに悩むでしょう。ハイブランドで高価なヘレンドのティーカップで紅茶をいれることがセンスが良いとは限りません。ＩＫＥＡで購入した北欧デザインの３００円程度のポップな柄の方が、ジャンクなおやつやドーナツには合い、おしゃれにみえるかもしれません。また、クリスマス会の１０００円と金額が決まったプレゼント交換のために、いかにセンスの良い品物を選べるか、ラッピングの紙やリボンの色や素材などはどうするかなど、センスの良さを発揮するために考えることは山ほどあります。

ここまでママカーストの基準をみてきて、どのように感じられますか。おそらく50年前の母親同士の関係においても、(1)~(5)までの社会的地位やルックス、出自などによるゆるやかな区別はあったかと思います。これらの多くはすでに決定づけられていることがらで、自分自身がどんなにがんばったとしても変更が難しいことばかりです。だからこそ、ある種のあきらめや開き直りの感情とともに、自分自身を安定させることができたでしょう。

現代の子育てに求められる(6)と(7)の「洗練された振る舞い」や「センスの良さ」は、自己努力によってレベルアップが可能な領域といえます。それゆえにやっかいであり、葛藤を伴います。常に最新の情報収集を求められ、自分の所作や発言がその場の空気にふさわしかったのだろうかと、必要以上の振り返りをしなければなりません。絶えず、自分を少しでも良く見せようという緊張関係の中での子育ては大変です。それらに忙殺されていれば、わが子の愛らしさを感じるゆとりもなくなり、子育てが楽しくない、ハッピーな暮らしとはいえない状況を生み出すことになるでしょう。

❸ メディアやSNSが発信する「幸福モデル」

子育てだけに限りませんが、マスメディアは次々に流行や新しいものを発信しつづけています。新型コロナウイルスの影響で一時期は低迷しましたが、「子どもと行くハワイ旅行」は大きなトレンドとなりました。このようなタイトルがついたムック本も数多く出版されました。大人だけで行くハワイ旅行よりも、子連れハワイ旅行がスペシャリティとして扱われています。

また、ママ向けの月刊雑誌『ＶＥＲＹ（ヴェリィ）』も、ママとしての幸せ感を多く演出しています。子どもとママのセンス良い（ここでもセンスが出てきます）さりげないペアルック特集が誌面に登場することがよくあります。筆者が娘に聞いた話ですが、気軽なママ友のランチ会にもドレスコードが指定されることがあるそうです。初夏の時期には「マリンコーディネート」という指定があり、ママと子どもがペアルックで参加することが求められます。現代のペアルックではボーダーのＴシャツをお揃いで着るのはナンセンスです。子どもには青白ボーダーのポロシャツを着せても、ママはスカーフや錨《いかり》型のアクセサリー等でさりげなく演出します。そして、「これができるのが幸せだよね」というムードが作り上げられていきます。

もう一つ典型的な幸せモデルを紹介すると、ホームパーティーがあります。子育て世代には、超高級ホテルでの高額なフレンチコースの食事というのは流行《はや》りません。前項で述べたような、高いお金ではなく、ある意味、誰でもアクセス可能なバーベキューをうまく取り仕切れることがハッピーの条件になります。絶妙な加減で肉を焼くことができ、ゲストの空いたグラスにタイミングよくシャンパンをサーブできるパパがいることが、最高に「幸せ」になるでしょう。

また、現代はテレビや雑誌というマスメディアで見る著名人だけでなく、ＳＮＳで個人レベルの幸福自慢合戦も繰り広げられています。自分とほとんど同じ状況の人々が、Instagramで毎日のように小さな「幸福」の発信を続けています。このような状況にさらされつづけていると、誰しも幸福でなければいけないという呪縛にとらわれてしまうのではないでしょうか。

「幸福」とは何でしょうか。本当に自分が欲しいものは何なのか、それは手に入れるべきものなのかを考える時間やゆとりを与えてくれないほど、そのスピードは速くなっています。

それでも、目の前にいるわが子は離乳食を食べ散らかし、そのこぼされた床の残飯を膝をついて拭き、片づけなければならないという子育ての現実があります。「一体自分は何をやっているんだろう、全然幸せではない」と悲観せざるをえないという子育て感覚は、これらの「幸福モデル」が作っているかもしれません。

2　社会の変化による影響

❶ 個人化・私事化への大きな流れ

現代の民主的な社会において最も重要な価値となったのは「自由」であるといえましょう。

個人の自由が少しでも狭められるようなことがあれば「人権侵害だ」と批判の嵐にさらされ

ます。家族においても、「家」・家族のために個々の家族メンバーが尽力するという考え方から、個人の自己実現のために「家」・家族がバックアップするのが望ましいという考え方に変化してきました。何よりも、個人の自己決定が優先されることが正しいとされる考え方が主流となりました。個人がどのような生き方を選ぶかは自由であるべきであり、結婚や出産も必ずしも人生における通過儀礼ではなくなりました。

昭和の時代まであった望ましいライフコース、「20代で結婚して、30代で子どもをもち、40歳前後で自分の家をもつ」というものは消失したといってよいでしょう。「結婚はまだ？」などの台詞《せりふ》は、現代社会においてはハラスメントの対象とすらなっています。一方で、結婚も出産もすべて自己決定であるから、その結果生じた問題については自分自身で解決すべきである「自己責任論」が持ち出されることになります。そして、自己決定で出産した子育ては私的な領域に押しやられて「私事」化されることになりました。私事であり個人の自己決定に基づく子育ては、プライベートな領域のことがらであるので、何があっても親が責任をとるべきだという社会のまなざしを生み出していきます。

このような考え方を強化する政治的背景もあります。１９９０年代に進行しはじめた新自由主義路線が、２０００年代になって私たちの考え方に強く影響を与えるようになってきました。新自由主義とは、「小さな政府」のかけ声のもと、福祉を削減すると同時に、「個人」の「能力」に基づいた能力主義によるその結果を「自己責任」であると、引き受けさせようとする思想です。これは「個人化」「私事化」と相まって、日本国内で強く支持される価値観となり、現在にわたって結婚・出産・子育てという営みに大きな影響を与えているといえるでしょう。

2 地域コミュニティの崩壊

経済優先の社会が進行すると、豊かな自然環境や空き地など地域の子どもの遊び場は減少しました。地域の中での人間関係のつながりが弱まり、かつてのように子育て経験者が若い親に子育ての知識を伝えたり、他人の子どもを預かり合ったりという支え合いが消失していきます。こうして、子どもの成長を見守る「地域社会のまなざし」は減少していくことになります。

厚生労働省「国民生活基礎調査」では、２０２３（令和５）年には18歳未満の未婚の子どもがいる「子育て世帯」の割合は、18％と過去最低だったことが明らかになっています。「家族」として子ども・子育てにかかわりをもたず生活をしている人々が82％と、これだけ多いという状況が、子育て支援への無理解・無関心が助長している背景になっているともいえるでしょう。その結果、地域住民により、保育所や児童相談所の建設反対運動が起こり、子どもの声を騒音と感じる人々が増加しています。子どもやその親に優しくない地域社会の中での子育ては、「孤育て」「個育て」とも呼ばれるようになりました。地縁や血縁というネットワークで支えられていた子育てという営みは、親だけに課せられる状況になってしまいました。

その一方で、２０１２（平成24）年に東京都大田区にある八百屋が始めたという子ども食堂は、２０２０（令和２）年には全国４９６０か所にも拡がり、コミュニティの中で「食」を通じた新たな居場所になっています。そこは「子どもの貧困」「孤育て」「独居高齢者」などの問題解決の一助となっているのです。一方で、インターネットの投稿サイトやＳＮＳには「子ども食堂ってうさんくさいと思いませんか」とか「子ども食堂に行っている子どもの親は生活能力がないから、自分の子どもを一緒に遊ばせるのはやめた方がいい」などの悪意のある発言が数多くあり、新たな差別や分断を生みかねないことに注意しなければなりません。こういった風潮から、「子ども食堂」を名乗らない子ども食堂すら出現しています。

❸ スマートフォンの出現によるコミュニケーションの変化

インターネットが発展し、ＳＮＳをコミュニケーションツールとするような情報化・消費化社会の中で、瞬時に情報を入手し、ネットワークを作ることができるようになりました。その一方、子育てには新たな悩みも出現します。ＬＩＮＥでの連絡にはタイミングの的確さが求められ、Facebook や Instagram などで知らなくてもいい相手の近況を知ることができます。現在は全く関係のない小学校時代の友人の名前をＳＮＳで検索してみると、非常に華やかで幸福そうな写真とコメントがアップされていることもあります。それと自分を比較し劣等感を抱いてしまうこともあるでしょう。また、グループＬＩＮＥや Instagram のメッセージなどのつながりはあっても、自分は誰からも理解してもらえないのではないかという「つながり孤独」

という現象もあります。

また、「ＬＩＮＥ省かれ」といういじめなど、学校でのスクールカーストがママ友関係にそのまま引き継がれているような状況があるとも聞きます。前節でもふれたように、手軽なＳＮＳで必要のない「幸福モデル」を目にしてしまうことで、かえって子育てが苦しくなる場合もあるでしょう。

4 現代社会において求められる価値

(1) コスパ・合理性・スピード

現代は、「コスパ・合理性・スピード」が重視される社会になっているという指摘があります。この言葉を無意識に使うほど、現代人にはすっかり馴染《なじ》んでいます。会食するお店を選ぶときに「あそこのお店は値段のわりにボリュームもあってコスパ高いよね」などの台詞《せりふ》を見聞きしませんか。恋愛すらも「コスパが悪い」と表現されてしまう時代です。

改めてコスパの意味を確認すると、費用対効果を指します。この言葉は、コスト（費用）とパフォーマンス（効果）を総合的に考慮し、そのバランスを判断するために使われます。コスパと似た言葉で「タイパ」という考え方も出現しています。こちらはタイム（時間）に見合った効果の高低になるでしょう。

これを子育てにあてはめてみるとどうなるでしょうか。チャットＧＰＴに「子育ての総費用額は？」と質問すると、３０００万円から４０００万円と回答しました。銀行が出しているデータですと、２０００万円から３０００万円というものが中心です。さて、子育てという営みにこの値段を費やすことは、コスパが高いのでしょうか、低いのでしょうか。子どもをもつという選択をしなければ、４０００万円を自分自身の趣味や住居、車、海外旅行などに使うことができるわけですね。子育てをコスパで考えるとは何事かとお叱りを受けそうですが、コスパで物事を考える現代の価値やムードが、子どもをもたない人生選択をする大きな理由になっていることは否定できないと思います。

次に合理性とスピードを考えてみましょう。合理性は「物事を能率的に無駄なく進めるさま」という意味で用いられます。スピードは文字どおり速さですが、それに加えて早く的確に間違いなく行うという意図も含まれていると考えます。ところが、子育ての営みでは「寄り道や無駄に見える石ころを拾う時間が子どもを育てる」ことや「ゆっくり、子どものペースを見守って」といったことが大切だとされ、全く逆の価値観が求められるのです。このことが、ひと世代前の子育てとは全く異なる困惑やストレスの源になっているとも考えられます。

ひと世代前の子育ては、もっとのんびりとしていましたし、空き地や原っぱなどの遊び場や、ご近所付き合いもかなりありました。自分の親世代にはなかった、時代の変化がもたらした苦悩や葛藤であるため、実家の母親やベテラン保育士には理解してもらえないことがつらさを助長する原因になります。

また、子どもを産み親になるまでは、無駄がなくスピーディーに、なおかつ着実に勉強や仕事の効率をあげることを「是」とされてきた現代の親にとっては、上記のような助言はとても酷なことでしょう。学生時代からコンビニエンスストアで買ったお弁当やおにぎりを食べていた現代の親は、「離乳食はなるべく手作りで」や「母親の手料理が子どもの心をほっとさせます」などと言われても、コスパもタイパも低いし、手間も時間もかかることをなぜアドバイスされるのか、理解に苦しむことになるかもしれません。

⑵ ３歳児神話

一方、これだけ時代が進展し、何事を論じるにもエビデンス（根拠）を求められるようになっても、依然として古い考え方が根強く残っています。その一つに、「３歳児神話」があります。３歳児神話とは、「子どもは、３歳までは常時家庭において母親の手で育てないと、子どものその後の成長に悪影響を及ぼす」という考え方で、「母性」の果たす役割が過度に強調されています。１９９８（平成10）年には、『厚生白書』において「合理的根拠はない」と否定されているにもかかわらず、このような「母性神話」は根強く残っています。

母親たちは、「母親は無条件に子どもを愛し、慈《いつく》しむことができる、子どものためなら自己犠牲も当然である」という母親像と自分自身を比較し、そのようにできない自分自身を責めたり、罪悪感におそわれたりしています。筆者がカウンセリングで担当した発達障害の子どもをもつある母親のエピソードです。子どもの発達相談を担当した心理士から「子どもが切り替えが悪くて大暴れしても、静かにやさしく子どもの気持ちを聞いて、子どもが納得するまでゆっくり待ちましょう」と助言されました。そのことから、他の発達障害の子どもの母親はみんなきちんとそうできているだろうに、自分はイライラして怒ってしまうことがあるから本当にダメな母親であると自身を責めていました。

望ましい母親像も子育てに関連するようにみえない「コスパ」などの社会的な言説も、今の親を苦しめる要因になっていることは明らかで、こうした価値観は注意深く捉えることが重要です。

3　現代において子どもをもつ意味とは

1 子育ては人生最大のリスク

子育ては「際限のないリスクである」と明言する論調もあります（熊代 2020）。妊娠中は流産や早産、妊娠糖尿病などのリスクを冒すことになりますし、飲酒・喫煙から食事まで制限があります。また昨今は、新型出生前診断を選択し、手軽に胎児の障害の有無を知ることができますが、それによって出産するか否かの重大な決断を迫られることもあります。

医学がどんなに進展したとしても、出産時のトラブルがゼロになることはありません。分娩が順調にスタートしても、母親の産道を胎児の頭が通過しようとするタイミングで膣痙攣《けいれん》を起こすケースもあります。一定時間、胎児の脳が収縮し、酸素が届かない状況が続くと低酸素性脳症を発症し、重症心身障害の状態となります。また健康な状態で出産しても、定型的に発達するか、事故に遭うことはないだろうか、就学後も不登校、いじめ、ひきこもり、犯罪被害・加害など、子どもが思春期・青年期に至るまで安心はできない状況は続いていきます。

加えて、前節でふれた「親としての望ましい姿」にマッチした子育てをしているか否かの心配がつきまといます。児童虐待という社会の監視のまなざしにもさらされつづけています。そのようなストレスフルな状況の中では、子育てに伴う親のメンタルヘルスの問題も過小評価できないでしょう。

前節で社会の求める価値観として「コスパ・合理性・スピード」をみてきましたが、合理性はリスクを嫌うものです。リスクをあえて負わない選択として、子どもをもたないという人生選択は、現代社会が支持する価値と一致しているといえるでしょう。時の政府が行う少子化対策はこの社会的価値を前提として設計されているかどうか疑問です。親になる以前と以後では、正反対の望ましさを唱えるダブルスタンダードを押しつけているような気がしてなりません。

それでもなお、私たちは子どもをもつポジティブな意味を考えつづける必要があります。「授かりもの」から「自己コントロール下のもの」になった妊娠・出産を根源的に問い直す時期に差しかかっているのです。

2 育児はレジャー

一方、リスクとは全く異なる視点で育児を論じる研究者もいます（千田 2011）。1980年代から「母性」が「娯楽」として消費の対象になり、育児をユーモラスに「楽しんで」描く漫画が出版されていました。それらは、女性が子どもを産むという行為を「レジャー」として楽しむものであることを示しました。母性は「未知」の出来事だからこそ、対象化して楽しむことが可能となってきたと論じられています。1993（平成5）年には雑誌『たまごクラブ』『ひよこクラブ』が創刊され、妊娠・出産にまつわることがらは消費の対象となりました。さらに出産は、夫婦で楽しむイベントになっていきました。

妊娠や出産は、私の人生を豊かにしてくれる「彩《いろど》り」であり、より幸福にしてくれる高価なアクセサリーであるという「育児のレジャー化」が進行しているといえるでしょう。先に述べた「子連れハワイ旅行」がその象徴です。また、不妊治療をするカップルの動機は、家制度の存続や、血のつながったわが子が欲しいという思いから、出産や育児を楽しみたいのにその機会が得られないという苦しみへと変化してきているという主張もあります（千田 2011）。

このような背景の一つには、結婚というものが人生において「高嶺《たかね》の花」となったことと関連があるでしょう。こども家庭庁の「結婚に関する現状と課題について」（2024年）の報告では「50歳時の未婚割合は、1980年に男性2・60％、女性4・45％であったが、直近の2020年には男性28・25％、女性17・81％に上昇している。この傾向が続けば、いずれ、男性で3割近く、女性で2割近くになると推計されている」とあります。さらに分析してみると、結婚の可能性と年収が相関していることがわかります。年収が１０００万円以上の45歳から49歳の男性の独身率は３・３％に過ぎず（橋本 ２００９）、年収が少ないと結婚の可能性が減少することが明らかになってきています。結婚できるということ、さらには子どもをもてるということは、親自身がハイスペックであることの証左になっています。

1歳児をもつ30代前半のある国家公務員男性が「子どもの保育園から、発熱したので迎えに来てくださいと連絡があると、職場の同僚に対してとても誇らしい気持ちになる」と語るのを聞いたことがあります。筆者は瞬時に理解できませんでした。昭和の感覚で「職場のみんなに申し訳ないみたいな気持ちはありませんか」と質問したところ、「むしろ、自分は結婚できて、子どももいるということを明らかにできる場面であり、自慢げな思いが強い」と答えてくれました。結婚し、妊娠・出産し、子どもを育てられることが特別なことがらになったことを実感させられたエピソードです。

未婚化の原因は、先の未婚率と年収の関連から考えれば、結婚を選択しないのではなく、収入が少ないために結婚できないことを強いられているとも解釈できるでしょう。その結果、「家族」をもつことや「恋愛」に対する憧れが強まっており、結婚に結びつく恋愛の価値が高騰しています。結婚できること・子どもをもつことは、ハイスペックを有する人間に付与される特権的な価値となったとも考えられます。その特権的な要素が育児のレジャー化を加速しているともいえましょう。

［引用・参考文献］

熊代亨（２０２０）『健康的で清潔で、道徳的な秩序ある社会の不自由さについて』イースト・プレス
千田有紀（２０１１）『日本型近代家族――どこから来てどこへ行くのか』勁草書房
橋本健二（２００９）『貧困連鎖――拡大する格差とアンダークラスの出現』大和書房
古市憲寿（２０１５）『保育園義務教育化』小学館

第2章

科学の進展の光と闇

この章では、子どもや子育てに関連する科学の進展をみていきます。1990（平成2）年の1・57ショックを契機に日本政府はさまざまな施策を打ち出していますが、出生率の低下に一向に歯止めがかからない状況が続いています。その背後で、妊娠・出産に関わる医療は進んでいます。それに伴い日本政府も生殖補助医療について、その費用を補助する医療保険制度を2022（令和4）年に創設しています。しかし、少子化の原因は経済的な問題だけにあるのでしょうか。

科学の進歩は、恩恵をもたらすだけではなく、悪い影響をも生み出します。功罪の双方を概観しながら、子どもや親、そして社会の空気感にどのような変化があるのか、そしてそもそも「子どもを産む」とはどういうことなのかを考えていきましょう。

1　人工授精で誕生する子ども

❶日本は不妊治療大国

日本は不妊治療大国であることを知っていますか。2020（令和2）年には、およそ4・4組に1組の夫婦が不妊治療を行っていることが報告されています（国立社会保障・人口問題研究所 2021）。そのうち、体外受精は年間50万件近く実施されており（日本産科婦人科学会、2021年のデータ）、人口が日本の約3倍であるアメリカの2・5倍以上の体外受精を行っています。図2-1は2014（平成26）年という少し前のデータですが、アメリカだけでなく、ヨーロッパ諸国と比べても日本の体外受精の治療件数が非常に高いことが見てとれます。

不妊治療の方法には、①卵胞の大きさなどから妊娠しやすい時期を見定めるタイミング療法、②排卵誘発剤を使って排卵を促す治療、③妊娠しやすい時期に精子を子宮内に注入する人工授精などがあります。それでも妊娠しない場合、卵子を体外に取り出して（採卵）体外で受精させて子宮に受精卵を戻す体外受精などに、治療がステップアップしていくのが日本では一般的です。

体外受精には2種類あります。排卵近くまで発育した卵子を体外に取り出し（採卵）、適度に濃度を調整した精子を卵子にふりかけて受精させるコンベンショナル体外受精と、体外に取

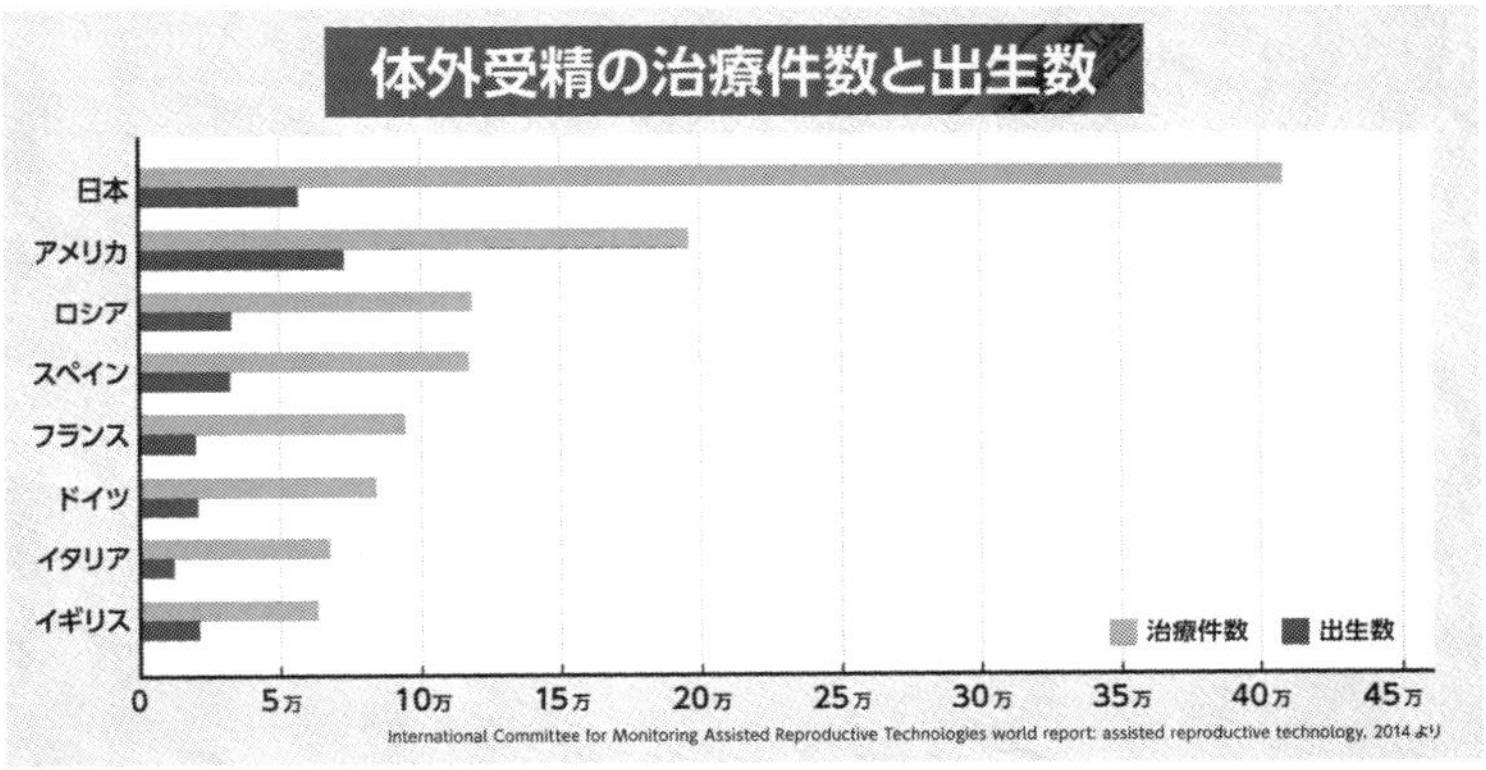

図 2-1　体外受精の治療件数と出生数

画像提供：NHK（クローズアップ現代 取材ノート「終わりが見えない不妊治療　私は『卵子提供』を選んだ」より　https://www.nhk.or.jp/minplus/0121/topic058.html）

り出した卵に対し、顕微鏡で観察しつつ精子を直接注入する顕微授精という方法があります。どちらも受精し分割した後に卵を子宮内に戻します。顕微授精は１９９２（平成４）年に始まった比較的新しい治療法です。

また、体外受精・顕微授精で得られた受精卵を子宮の中に戻すことを胚移植といいます。胚移植の方法は、採卵した周期に育った受精卵をそのまま戻す「新鮮胚移植」と、胚を一度凍結させて別の周期に融《と》かして子宮に戻す「凍結胚移植」の大きく２種類に分けられます。凍結胚移植は新鮮胚移植と比べ妊娠率が高く、胚移植の日程調節がしやすいといわれています。

日本産科婦人科学会は２０２４（令和６）年８月に、２０２２年に実施された不妊治療の体外受精で誕生した子どもが、過去最多の７万７２０６人だったとの調査結果を公表しました。

前年から7409人増えています。厚生労働省によると、2022年の出生数は77万759人と報告されているので、およそ10人に1人が体外受精で生まれた計算になります。治療件数は54万3630件で、前年より4万5000件以上増加したことになります。図2-2をみても、体外受精の治療件数は右肩上がりに激増していることがよくわかります。また、受精卵を一度凍結した後に子宮に戻す凍結胚移植の占める割合も急激に増加しています。

生殖補助医療という科学の恩恵によって、子どもを授かることができるのは幸福なことでしょう。その一方で、人間の身体の外に出した精子と卵子を人為的に受精させることによらなければ、10人に1人の生命が誕生することが難しくなってしまった現実があります。その背景には何が起こっているのでしょうか。生物として当たり前とされている本能――男と女が出会い、セックスをして、自然に妊娠すること――が脅かされているのは非常に深刻な状況です。それを読み解く一つの手がかりとして、序章で述べた個人（ミクロ）-地域・関係（メゾ）-制度・言説（マクロ）というソーシャルワークの視点が有効となります。この章の最後で考えてみましょう。

この現実をふまえて強調しておきたいことは、私たちの「常識」を更新する必要があるということです。目の前にいる子どもはひょっとしたら、体外受精で産まれてきた子どもかもしれないという想像力をもつことです。10人に1人というのはけして少ない数ではありません。対応の難しい親を「モンスターペアレント」や「クレーマー」として悪者と決めつけるのは簡単

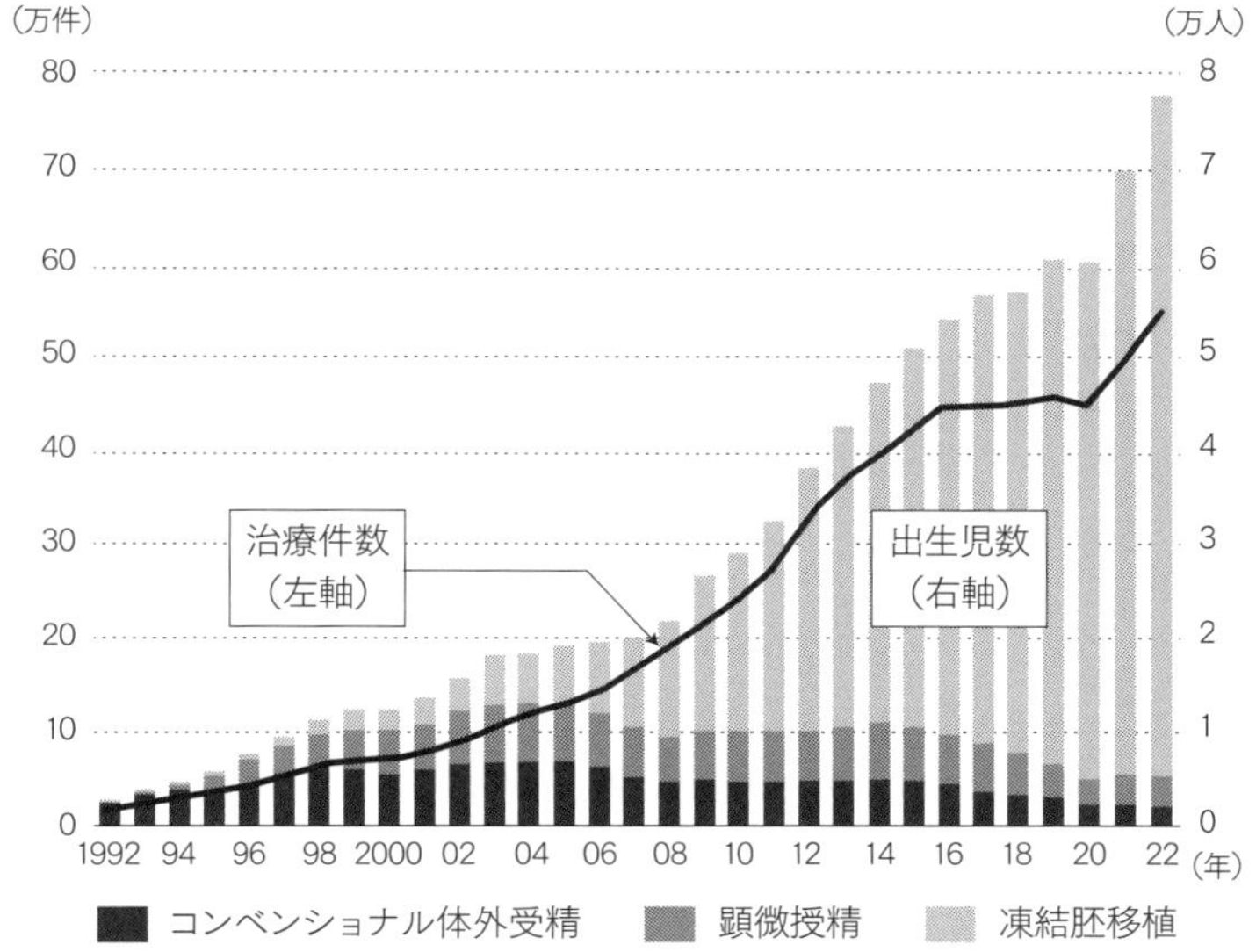

図 2-2　体外受精の治療件数と出生時数の推移

出所：日本産婦人科学会「2022 年　体外受精・胚移植等の臨床実施成績」をもとに作成

なことです。決めつけることによって支援者は思考をストップさせることができて、ラクだからです。結婚後２、３年で自然妊娠したわが子と、５年以上にわたり不妊治療・体外受精をした末に授かったわが子に対する親の思いは、おそらく異なるでしょう。親にしてみれば、保育者や教員が何気なく言った「今日はなんだか落ち着きがなかったみたい」という言葉に対して、「そうでしたか」と言葉どおりに受け取れることもあれば、「あれだけ苦労をして、体も心もボロボロにして大金をかけて、ようやく手に入れた子どもになんでケチをつけるの」と心の内に怒りや悲しみが湧き上がってくることもあるかもしれません。

障害のある子どもの親にもそれと同様の葛藤が起きるでしょう。体外受精の凍結胚移植により子どもを授かったある母親は、「医師が凍結している複数の受精卵のうち、なぜそれを選択してしまったのか、その隣の受精卵を選んでくれれば、自閉スペクトラム症にならなかったかもしれないのに」と複雑な心境を語っています。科学の進展という時代とのメモリ合わせは、相手の状況や心を知り、適切な支援をするために必要不可欠なことです。

2 不妊治療の実際

次に不妊医療に関わる、心身的および経済的な負担についてお話ししましょう。

(1) 不妊治療による心身的ダメージ

２０２１（令和３）年に厚生労働省で行われた「不妊治療等に係る当事者ヒアリング」では以下のような発言がありました。

- 不妊の悩みは重層的で、外圧（社会環境的側面）と内圧（心理的側面）、さらに治療そのもので当事者は苦しんでいる。
- 不妊治療を行っても、結果子どもを授かれないことで心身の変化が起きうる。子どもを授かれなかった方々の中には産めなかったことに起因して、うつのような症状が出ることもある。

さらに切実な声として、不妊治療には終わりがみえないことや、「治療がいつ終わるのか」を明確にするのは難しいことから、「本当に自分は妊娠できるのか」という不安が聞かれます。不妊治療自体が多くのストレスを伴います。また実際の治療においては、自己注射や薬の服用、採血やホルモン補充などが必要になり、その痛みや副作用が深刻な場合もあります。

通院や治療に際しては私生活や仕事の予定調整が必要です。不妊治療は排卵周期に合わせて通院や治療が必要であるため、急な仕事の休みや時短を余儀なくされることがあります。ホルモン刺激療法によって体調を崩す場合もあり、仕事に支障が出ることも考えられます。

友人や知人の妊娠報告に素直に喜べず傷ついたり、そういう自分に自己嫌悪を覚えたり、マタニティマークを見るだけでつらいというケースもあります。一番身近な存在であるパートナーとの不妊治療に対する温度差や理解の欠如、家族や親戚からのプレッシャーなどもストレスになるでしょう。加えて経済的な負担も大きな問題です。

このように多大な犠牲を払ってもわが子をもちたいという強い思いは、どこから、どのように生じるのでしょうか。そこには血縁主義、家制度の名残りが見え隠れします。また、子どもを育てて一人前という規範や、子どもを産み育てることが「家族」としての臨界点であるという考え方もあります。詳しくは第３章で深めていきます。

(2) 不妊治療にかかる費用

不妊治療に関わる費用は複雑です。それはいくつもの医療行為が併存して行われるからです。

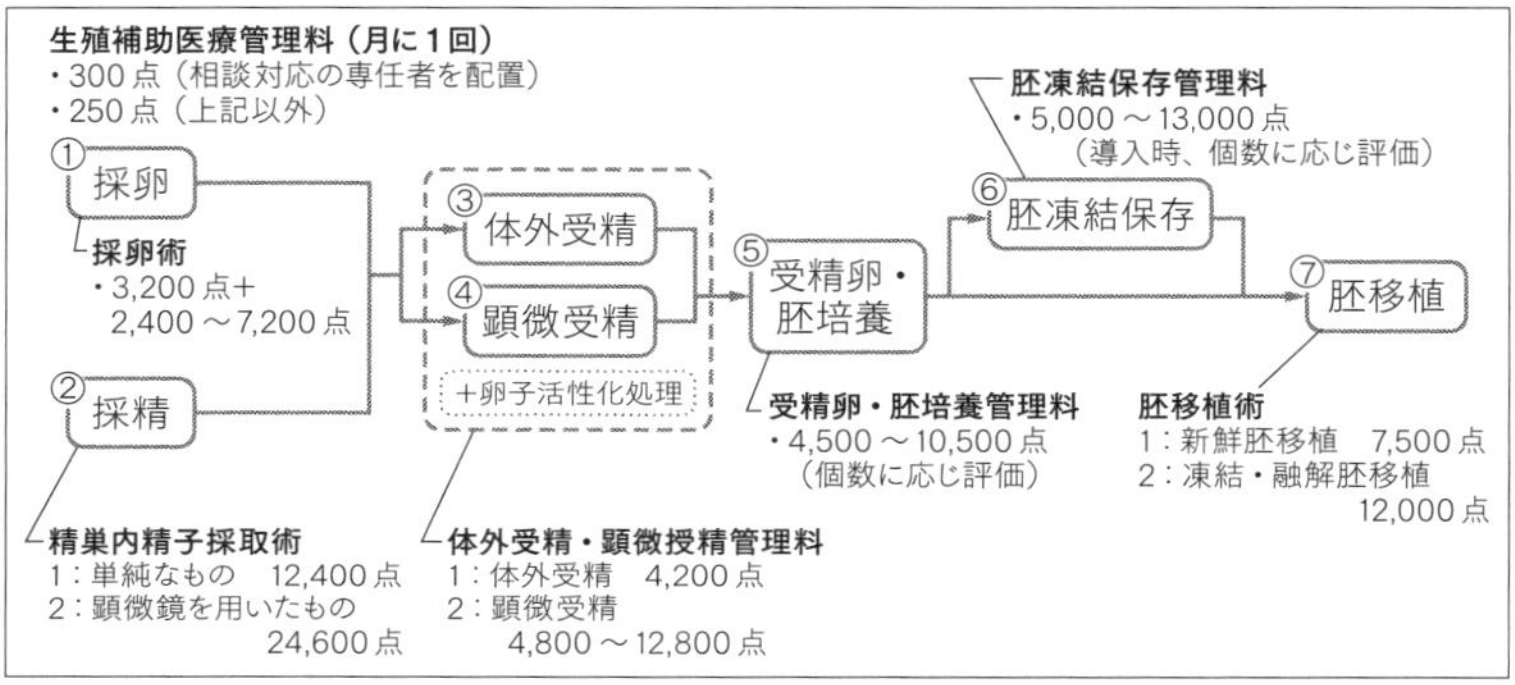

図 2-3　生殖補助医療の診療の流れと診療報酬点数（2022 年 4 月以降）

出所：厚生労働省（2023）「不妊治療に関する支援について　概要版」p. 7 をもとに作成

特に体外受精・顕微授精の生殖補助医療には複数のステップがあり、それぞれの段階でさまざまな医療介入が行われます。図２-３で示すように、おおまかに①採卵、②採精、③体外受精、④顕微授精、⑤受精卵・胚培養、⑥胚凍結保存、⑦胚移植というプロセスがあります。たとえば、胚移植術では、新鮮胚移植７５００点、凍結・融解胚移植１万２０００点という医療保険点数のかかる治療が平均とされています。

厚生労働省は２０２１年３月に不妊治療の実態に関する調査結果を発表していますが、体外受精にかかる費用は１回あたり平均で約50万円としています。10回すれば５００万円、20回であれば１０００万円という高額な治療になります。

少子化対策の一環として、２０２２年４月より人工授精等の「一般不妊治療」、体外受精・顕微授精等の「生殖補助医療」について、健康保険が適用されることとなりました。生殖補助医療の通算回数には限度がもうけられ、治療期間初日における妻の年齢が、40歳未満であるときは通算６回まで、40歳以上43歳未満であるときは通算３回まで助成されます。

保険適用がなされて、経済的負担はいくらか軽減されることにはなりますが、３割の自己負担分や先進医療の併用を考えれば、けして安価な治療ではありません。生殖補助医療である体外受精・顕微授精は、誰もが選択できるものではないのかもしれません。

３ 生殖補助医療のゆくえ

(1) 非配偶者間で産まれる子ども

生殖補助医療の中には、第三者の精子・卵子等を用いた非配偶者間の生殖補助医療も行われています。①第三者の精子提供による人工授精（ＡＩＤ）、②第三者の卵子・胚提供、③代理懐胎という3つの方法があります。①のＡＩＤ（非配偶者間人工授精）とは、夫以外の第三者から提供された精子を用いた人工授精のことです。男性側に不妊の原因がある場合に用いられる技術です。現在、日本では精子が匿名で提供されているため、この方法で産まれた子どもは遺伝上の父親を知ることができません。また逆に提供者も自分の子どもを特定することはできません。

ＡＩＤの事実を子どもに知らせるかどうかについても、親の判断に任されています。医師と親の間で、ＡＩＤのことは子どもには秘密にするのがよいとされてきました。そのため多くの子どもが、親からＡＩＤで生まれたことを隠されてきました。しかし何らかのきっかけで事実を知り、自分の遺伝上の父親は誰か、出自を探し求める成人した子どもたちもいます。戸籍上の父親とは別に、生物学上の血縁のある父親が存在すると知った驚きや苦悩ははかり知れないものでしょう。

法律上の親子関係についてみてみると、民法では生殖補助医療により出生した子の親子関係に関する民法の規律の特例が定められています。第９条では、女性が自己以外の女性の卵子を用いた生殖補助医療により子を懐胎し、出産したときは、その出産をした女性をその子の母とすると規定されています。また、第10条では、妻が、夫の同意を得て、夫以外の男性の精子を用いた生殖補助医療により懐胎した子については、夫は、その子が嫡出であることを否認することができないと規定されています。

つまり日本の法律では、配偶者以外の精子や卵子を用いて生まれた子どもを、遺伝学上は親子関係にはなくても親子関係と認めているという、なんだか不思議な状況になっているのです。

非配偶者間の生殖補助医療で生まれた子どもの苦しみは、数年前からようやくクローズアップされてきました。ＡＩＤで出生した、自分の出自を知ることができない人々が、以下のような声を上げはじめています。

自分の生まれが人と違うことを誰にでも話せるわけではありません。できることなら、知らなかったことにしたい、忘れたい…そうしないと、生活できないような時期もありました。でも、自分の核になること、一番根っこの部分の揺らぎを押し殺したままでは立ち行きません。もやもやした気持ちが続き、常にイライラし、体調が悪くなりました。

たとえば、テレビで親子のドラマを見ると突然涙があふれて止まらなくなるなど、ほんのささいなことで我を忘れるくらい動揺してしまう自分がいました。いろんな人に自分の気持ちを話してみました。「親は大きな愛情をもっていたんだね」と言われたときは傷つきました。

でも、同じ立場の人たちや、心理の専門家の人、生きづらさを抱えたマイノリティーの立場の人に話してみたら、まっすぐ受け止めてもらえました。気持ちが少し軽くなりました。それ以来、安心できる場所で、安心できる人にその時その時の自分の気持ちを話して聞いてもらうことが支えとなっています。

（50代・女性）

（ＤＯＧ 非配偶者間人工授精〔ＡＩＤ〕で生まれた人の自助グループ）

１９８９（平成元）年に国連総会において採択された児童の権利に関する条約（子どもの権利条約）では、子どもの出自を知る権利を認めています。第７条に、子どもは「できる限りその父母を知りかつその父母によって養育される権利を有する」とあります。日本は国連の採択から5年遅れて1994（平成6）年に子どもの権利条約を批准しました。日本でも子どもの知る権利を認める方向に法制度やそのしくみを改正しています。子どもが安心して出自を知る権利を行使できるためにも、親の告知をサポートする支援が必要ですが、現状ではなかなか進んでいない状況といえるでしょう。

ＬＢＧＴＱｓのカップルが非配偶者間の生殖補助医療を用いて子どもをもつことが報道されていますが、その子どもたちにも同様に出自を知る権利を保障する必要があります。子どもをもちだい親の欲望がどこまで許容されるのか、子どもの幸せを阻害するものにならないかという難しい問題をはらんでいます。

⑵ デザイナーベビーの誕生へ ── 果てしない欲望

デザイナーベビーとは、受精卵の遺伝子情報を編集されて生まれる赤ちゃんのことをいいます。２０１３（平成25）年にアメリカの個人向け遺伝子解析大手企業が知能指数、筋肉量、目の色、髪の色、疾病への耐性、遺伝病などを、遺伝子配列の違いから判定することに成功し、特許を取得しました。遺伝子情報の解析により、選別して望みどおりの子どもを出産することが事実上可能となったということになります。現実には、２０１８（平成30）年に中国の科学者が、ゲノム編集技術を用いて世界で初めて遺伝子操作をした双子のデザイナーベビーを誕生させたと発表しました。

これらの遺伝子操作に対し、２０１９（令和元）年に「適切な評価が完了するまでは、すべての国の規制当局はこの分野でのいかなる研究も承認すべきではない」と世界保健機関（ＷＨＯ）が声明を出していますが、この研究に興味をもつ者たちにとって、どこまで抑止力となるかは未知数だろうと述べている専門家もいます。私たちの欲望は一度手にした科学の力を手放すことができるのでしょうか。

第1章で述べたように、親にとって子どもは親の人生を幸福にするための「彩《いろど》り」であるとすれば、より親にとって望ましい子ども、たとえば走るのが速い、成績が良い、髪の色はブラウンなどの条件を求めることは至極当然のことのように考えられます。

フィクションの世界では、娘の白血病治療のために白血球が適合するよう遺伝子操作をしたきょうだいを産むという状況が描かれています。アメリカのジョディ・ピコーの小説およびそれを原作とした映画『私の中のあなた（原題：My Sister's Keeper）』です。小説は２００４（平成16）年に出版され、映画は２００９（平成21）年に公開されています。日本で翻訳書が出版されたのは２００６（平成18）年です。その内容は以下のようなものです。

この娘が2歳のとき、急性前骨髄球性白血病を患いますが、両親や兄の白血球の血液型であるＨＬＡ型は適合しませんでした。ドナーを必要とする彼女のために、受精卵の段階で遺伝子操作を行い、母の子宮に胚移植したデザイナーベビーとして妹が誕生します。まずは遺伝子操作のうえ生まれた妹から姉にドナーへの負担がない臍帯《さいたいけつ》血移植を行いますが、その後も姉が輸血や骨髄移植などを必要とするたびに、幼い妹は過酷な犠牲を強いられます。さらには、姉の白血病治療のために片方の腎臓の提供を求められるというストーリーです。妹の心身は誰のものなのか、人権とは、家族とは、受精卵の段階での遺伝子操作は私たちに何をもたらすのかを考えさせられます。これも生殖補助医療という科学の進展が引き起こす問題の一つです。

2　新型出生前診断の登場

1　出生前診断とは

出生前診断にはいくつかの方法があります。多くの妊婦が経験するのは「超音波断層法」です。妊婦健診で行われる超音波断層法検査は「一般超音波断層法検査」といわれ、主に胎児の発育が観察されます。それに対して、精密超音波断層法検査は、胎児の骨格や臓器などが正しくできているかを観察する検査で、妊娠初期から中期に1～2回行います。

それ以外に胎児の細胞に含まれる染色体などの遺伝情報について調べる検査があります。染色体に異常のないカップルであっても受精のときなどに偶然それらの遺伝子に異常が発生することがあります。具体的には、羊水検査、絨毛《じゅうもう》検査、母体血清マーカー検査、ＮＩＰＴなどがあります。

⑴ 羊水検査

妊娠15〜16週以降に、妊婦のお腹に注射針を刺して約20㎖程度の羊水を抜き、それを精査します。羊水中には胎児の体からはがれ落ちた細胞が浮遊しており、それを培養して染色体を調べます。針を刺すため、感染や出血のリスクがあります。０・３％の割合で流産の危険が伴うといわれています。

対象となる病気は、13トリソミー、ダウン症（21トリソミー）、18トリソミーのほか、性染色体の病気などさまざまな染色体異常の確定診断となります。

⑵ 絨毛検査

妊娠11〜14週という羊水検査より早い時期に、妊婦のお腹に注射針を刺して絨毛を採取します。絨毛とは、胎盤の組織の一部で、受精卵から発生するので基本的に胎児と同じＤＮＡをもっています。

針を刺すため羊水検査と同様に、感染や出血のリスクがあります。１％の割合で流産の危険があるといわれています。13トリソミー、ダウン症（21トリソミー）、18トリソミーのほか、性染色体の病気などさまざまな染色体の病気があるかないかがはっきりわかる確定診断です。

⑶ 母体血清マーカー

妊娠15〜20週に、妊婦から血液を採取して、血液中に特定の物質がどのようなバランスで含まれているかを調べる検査です。年齢、体重、妊娠週数等も加味します。13トリソミー、ダウン症（21トリソミー）、18トリソミーについて、病気がある可能性の高さを調べます。

(4) ＮＩＰＴ――いわゆる新型出生前診断

２０１３年４月から試行的に妊婦の血液だけで判定できる新型の出生前診断がスタートしました。上記でみてきたとおり、それまでは胎児のいる子宮に針を刺し、採取した羊水や絨毛から判断するという母体に危険を伴い、流産のリスクがある検査でした。健康診断の血液採取と同様の、手軽な検査で胎児の障害の可能性を知ることができるようになったため、これまで以上に多くの妊婦が出生前診断を受けるようになりました。

妊娠9～10週以降に、妊婦から10～20㎖の血液を採取して、血液中に浮かんでいる母体と胎児のＤＮＡの断片を分析する検査です。対象となる病気は、13トリソミー、ダウン症（21トリソミー）、18トリソミーの３つとなり、その異常がある可能性を調べます。病気の重さや症状はわかりません。料金は10万円弱～20万円です。

2 新型出生前診断の結果はいかに

２０１３年の４月に試行的にスタートした新型出生前診断（ＮＩＰＴ）は、２０１７（平成29）年には一般診療へと拡大しました。

２０１３年の検査開始からの３年間の実態は、３万６１５人がこの検査を受診し、そのうち染色体異常の疑いがある「陽性」と判定されたのは５４７人というものでした。さらにお腹に針を刺す羊水検査に進んで異常が確定したのは４１７人で、うち94％に当たる３９４人が人工妊娠中絶を選択しました。２０２1年8月には、２０１3年にスタートしてからＮＩＰＴ検査を受けた10万１２１8例のデータが公開されています。ダウン症などの染色体異常の確定診断となったものは、１６２４例ありました。そのうち、妊娠を継続したケースが４％、子宮内死亡が18％、人工妊娠中絶手術を受けたケースが78％という結果になっています（出生前検査認証制度等運営委員会 ２０２１）。

この現実をどのように理解すればよいのでしょうか。ダウン症や障害のある子どもたちは産まれてきてはいけないのでしょうか。

ここで留意しなければいけないことは、人工妊娠中絶を選択したカップルに対して「障害者差別」だと非難することはできないということだと思います。障害のある子どもを産み育てることがたやすくない現実、苦労や不幸が待ち受けていると想像してしまう社会のありようや世間の考え方こそが、問われるべき対象だということです。しかし、今後の出生前診断のあり方について提言の内容をみると、遺伝カウンセリングの充実や、専門医や小児科医との連携という、個人というミクロを対象にしたことが中心であり、児童福祉や学校教育の充実や改善というマクロを対象にした言及はほとんどありません。

一方、「命の選別」が現実に行われている社会にも危惧を覚えます。今、現に生きているダウン症や染色体異常という障害をもった人々は、生まれてきてはいけなかったことになりはしないでしょうか。当事者とその家族に与える影響は、深刻なものであると想像せざるをえません。

また、「自由」や「自己決定」に価値を置き、産むかどうかの判断のすべてを個人にゆだねることは、はたして正しいやり方なのでしょうか。支援者には、妊婦やその家族に専門医の見解やさまざまな情報を的確に伝えながら、判断するまでのプロセスに丁寧に伴走することが求められます。加えて、先に述べたように障害のある子どもを育てることに困難が伴う社会について問題提起や改善をする責任もあるでしょう。子どもの権利条約でも保障されている、障害のある子どもの尊厳を守る社会の実現について考えつづけなければなりません。

近い将来に、ダウン症の子どもを育てている親が「幼稚園選びが大変で、なかなか子どもを理解してもらえなくて……」と弱音を漏らしたときに「自分で決めて産んだんでしょ、出生前診断を受けなかったの？　受けなかったのは自己責任だよね、だから文句言わないでよ」と反論されることが起きはしないだろうかと危惧しています。

最後に、母体保護法との関連で指摘をしておきます。人工妊娠中絶に関して、母体保護法第14条には以下の規程があります。

> 次の各号の一に該当する者に対して、本人及び配偶者の同意を得て、人工妊娠中絶を行うことができる。

一　妊娠の継続または分娩が身体的または経済的理由により母体の健康を著しく害するおそれのあるもの
二　暴行若しくは脅迫によってまたは抵抗若しくは拒絶することができない間に姦淫されて妊娠したもの
２　前項の同意は、配偶者が知れないとき若しくはその意思を表示することができないとき又は妊娠後に配偶者がなくなったときには本人の同意だけで足りる。

ＮＩＰＴ検査後に人工妊娠中絶手術を受ける場合には、母体保護法の上記に該当するのでしょうか。医療現場では「身体的または経済的理由により母体の健康を著しく害するおそれのあるもの」の拡大解釈として扱われているものと推測します。

❸ 出生前診断から着床前診断（受精卵診断）へ

「着床前診断」は、遺伝性の重い病気がないかを体外受精させた受精卵の遺伝子などから調べる医療行為です。２０１８年に臨床研究が終了し、医療行為と位置づけられ、２０１９年からは実施施設が拡大されて進行中です。

着床前診断と出生前診断の違いは、前者では、体外で受精させた胚の染色体や遺伝子の検査を行い、病気をもたない可能性の高い胚だけを選択して、子宮に移植して育てます。着床前診断は出生前診断とは異なり、妊娠前に行うため、妊娠中絶手術という心身ともに強いダメージから母体を守ることができます。誰でも受けられるわけではありませんが、出生前に子どもの障害の可能性を知りうる方法が2つあれば、よりダメージの少ない選択をするのは当然のことだと感じます。そのようなニーズがいっそう高まっていけば、受精卵の段階で「命の選別」が行われるようになるでしょう。

このような科学技術の発展が、先にみたデザイナーベビーの誕生につながっています。生命倫理の専門家の多くは、着床前診断が広がれば特定の病気の人は生まれてこない方が本人にとっても親にとってもいいと認めていくことにもつながりかねないことを指摘し、社会が病気や障害を受け容れられなくなるのではないかと危惧しています。個人（ミクロ）の選択の積み重ねが社会（マクロ）のあり方を変革してしまうのです。それは、子どもをより望ましいものにすることへと駆り立てる、生き苦しい世の中を作ってはいないでしょうか。

3 脳科学研究が示したアロペアレンティングの効果

この節では科学の進展によりもたらされた、現在の子育て受難時代に一筋の光を与える研究を紹介しましょう。それは「アロペアレンティング」というもので、特に新しい考え方ではありません。直訳すると「共同養育」という意味で、父親・母親だけでなく、祖父母やおじ・おば、いとこなど血縁関係のある人や、それ以外の近隣・友人・子育て支援者など、多くの人々がかかわって子育てをすることです。高度経済成長による都市化が進行する前には、当たり前のように日本でも行われていた子育てです。町や村の中で赤ちゃんが生まれれば、近所の子育て経験者が毎日夕方に沐浴の手伝いをする、隣家の子どもが泣いていれば、気にかけて様子を見に行き、少しの時間子どもを預かったり、親の怒鳴り声が聞こえれば「まあ、そのぐらいにしておきなさいよ」と声をかけたりするなど、親だけではなく地域みんなで子どもを育てている風景がありました。

これらが大きく変化したのは、第1章でみてきた子育ての私事化の風潮が強まってきたからだと考えられます。子育ては、子どもを産み育てることを自己選択した当事者によって行われるものであるという考え方がさらに強まりました。そのことが児童虐待の要因になっているのではないかと考えた脳科学者たちが研究をスタートさせました。

この研究をリードしてきた福井大学の友田明美は、共同養育者の数が多いほど子どもの成育機能、ワーキングメモリー、情動に関わる領域のネットワークが発達していることを明らかにしました（黒田 2021）。気持ちをコントロールすることなどに関わる思考や想像力をつかさどる前頭前野の発達が、親だけで子育てしている子どもより優れているということを、脳の画像を根拠に主張できたことは驚きです。母親の多くが、子どもを預けて外出することにしばしば罪悪感を覚えるということが報告されていますが、むしろ子どもの成長・発達のためには他者に子どもをゆだねることが脳科学の知見から推奨されているのです。したがって、後ろ髪を引かれずに、大人の時間を楽しんでよいということになるでしょう。

この研究は子どもだけでなく、母親の脳画像についても調査しています。多くの人がかかわるアロペアレンティングで子育てをしている母親はメンタルヘルスが良好であり、精神安定につながっていました。「産後うつ」という状態に少なからずの母親が陥るのは、いやおうなしに母親以外の人々が養育にかかわるようにするホモサピエンスとしての心身のメカニズムであるといわれています。母親のメンタルヘルスは、子どもの心身の安定と相互作用的に影響することからも、子どもにとっても重要な条件になります。

ホモサピエンス（霊長類の一種としてのヒト）から子育てを捉えなおす研究もあります（明和２０１０）。ヒトの赤ちゃんは未成熟の状態で生まれ、大人になるまで長い年月がかかります。他の哺乳類と違って、ヒトの子育ては大変な労力と時間を必要とするのは周知のことでしょう。そのためヒトの子育ては、本来複数の手で育てる「共同養育」を基本に進化してきた動物であることが再認識されています。子育ての負担を緩和するために、人類７００万年の子育ては「共同養育」が前提にあるという基本的事実を改めて浸透させる必要があるでしょう。現代日本のように親だけに子育ての責任を担わせるというのは、人類の歴史からみてもきわめて不自然な状態にあるということです。そういった状況の中では、児童虐待の件数は右肩上がりで増えつづけ、また、虐待には至らなくとも、夫や家族、近隣集団の協力が得られず、孤立育児でストレスを抱え、不適切な養育をしてしまうことも当然だと考えられるでしょう。共同養育の視点で捉えなおしてみると、少子化という現象も、子どもを安心して産み育てられない環境では、生物として自然で合理的な行動選択の結果であると納得させられます。

4　妊娠できない・子どもを産まない私たちの国

最後に科学の進展をふまえて、ソーシャルワークの視点から、妊娠できない、子どもを産まない日本の状況を押さえておきましょう。ミクロのレベルでまず考えてみると、生殖補助医療の介入を受けないと妊娠できなくなった私たちには、生物個体として何か変化があったのでしょうか。推測も含みますが、そこにはホモサピエンスとしての大きな変化はないでしょう。なぜなら、産後うつに代表されるように20万年に及ぶ進化の過程で獲得してきたものは、高度経済成長期以降の50〜70年間という短いスパンでは容易に変わらないからです。それを前提にすれば、メゾ・マクロという環境が私たちに子どもを産まない選択をさせているといえるでしょう。

結婚も出産も新自由主義のもとで「私事化」されて、子育ての自己責任が強くのしかかる「常識」や「言説」のある社会状況が、マクロのレベルには大きくはびこっています。１９９0年代以降の非正規雇用での就労の増加や、若者の貧困状況も問題です。経済的格差が生じ相対的貧困だけでなく、絶対的貧困が起こっていると指摘されています。これ以降「下流社会」が出現し、中産階級の意識が下流と上流に分化してきたことで階層の二極化が進んでいきます。自己決定の結果として結婚を選択しないのではなく、収入が少ない「下流社会」にいやおうなく属しているために、結婚できないことを強いられているとも解釈できるでしょう。そして「家族」をもつことや恋愛に対する憧れが強まり、結婚に結びつく恋愛の価値が高騰していきます。結婚できること・子どもをもつことは、上流社会に属する人間に許された特権的な価値が付与されてきたともいえます。

メゾレベルでも、人と人が深く知り合う関係において「ハラスメント」を恐れ、他者に介入することを避ける傾向が強くなりました。お見合いや人づての紹介をすることにも、人生の重要な決定に「契約」なしでかかわることに責任をもてないと感じる人々が増えました。女性が妊娠しやすい30代前半までに、長期の産前産後休暇や育児休暇をとることに躊躇せずとも、十分なキャリア形成ができるのかは疑わしい状況です。

このように、個人の問題ではなく環境に大きな原因があるにもかかわらず、「今の若者は食事が偏っているから妊娠できないんだ」とか「自分の楽しみばかりが中心で、自分勝手だから子どもを産まないんでしょ」「しっかり働いて、人並みの収入を得ないと結婚できないよ」などの個人への批判をすることは、ひどく的外れであることがわかるでしょう。

［引用・参考文献］

黒田公美（２０２１）『社会技術研究開発「安全な暮らしをつくる新しい公／私空間の構築」研究開発領域「養育者支援によって子どもの虐待を低減するシステムの構築」社会技術研究開発研究開発プロジェクト　実施進捗報告書』

厚生労働省（２０２３）「不妊治療に関する支援について　概要版」（https://www.mhlw.go.jp/content/000901931.pdf）

国立社会保障・人口問題研究所（２０２１）「出生動向基本調査」

出生前検査認証制度等運営委員会（２０２１）「ＮＩＰＴを受けた10万人の妊婦さんの追跡調査」（https://jams-prenatal.jp/testing/nipt/follow-up-survey/）

根ヶ山光一（２０２１）『「子育て」のとらわれを超える――発達行動学的「ほどほど親子」論』新曜社

Ｊ・ボウルビィ（１９９１）『新版　愛着行動』〈母子関係の理論⑴〉黒田実郎・大羽蓁・岡田洋子・黒田聖一訳、岩崎学術出版社

明和政子（２０１０）「霊長類のアロマザリング――チンパンジーとヒトを中心に」根ヶ山光一・柏木惠子編著『ヒトの子育ての進化と文化――アロマザリングの役割を考える』有斐閣、33－51頁

ＤＯＧ（DI OffSpring Group）非配偶者間人工授精（ＡＩＤ）で生まれた人の自助グループ「ＡＩＤで生まれた子どもたちの声」（https://www.dogoffice.org/voice/ 閲覧日２０２５年１月27日）

第3章 親の役割を考える

1 家族とは何か

1 家族の定義

私たちは日常で「家族だから当然だよね」とか「何よりも家族の絆が大切」などと、「家族」という言葉を当たり前のように使っています。楽曲の中でも「家族」という言葉は多用され、福山雅治の「家族になろうよ」は結婚式ソングとしても大ヒットしています。

大学生に「家族」とは何かと問うと「絶対的味方、どんなことがあっても守ってくれる」「気遣ってくれる……、かけがえのない存在」と答える人が多数派ですが、一方「窮屈《きゅうくつ》」「自分では選べない存在」と好意的に捉えていない学生も少数います。面白いのは犬や猫、小鳥などのペットを自分の家族としている人もいるところです。「ペットロス症候群」が数年にわたって続く人もいますし、かけがえのない存在が家族だとすれば、そうとも言えるでしょう。

しかし、法律には「家族」という言葉はありません。民法に家族に近い言葉として「親族」の定義はあります。

> 民法725条
> 次に掲げる者は、親族とする。
> 一　六親等内の血族
> 二　配偶者
> 三　三親等内の姻族

血族とは血縁関係にある人のことですが、これには、生物学上の血縁だけでなく、養子縁組による法律上の血族も含まれます。姻族とは、配偶者の血族と、血族の配偶者のことです。親等《しんとう》とは、親族関係の法的な遠近を表す単位のことで、親子関係を経るごとに1親等を加えて数えます。父母や子は1親等で、祖父母は、親の親なので2親等です。孫は、子の子なので2親等です。兄弟姉妹は、親の子なので2親等です。おじ・おばは、親の親の子なので3親等です。姻族の親等の数え方も、血族親等の数え方と同じです。

また、家族の定義は研究者においてもコンセンサスが得られていない状況です。研究者によってさまざまな定義があります。家族社会学者として著名な二人の定義を紹介しましょう。

まず、森岡清美は家族を「少数の近親者を主要な構成員とし、成員相互の深い感情的な係りあいで結ばれた、第1次的な福祉追求の集団」だとしています（森岡 1983）。初めに「近親者」と限定していますので、近い血族関係にある人が家族の条件になります。

次に、上野千鶴子は「火を共にする人々」を家族と定義します（上野 1994）。

上野の定義における「火」というのは、食事を作るときに用いる火を指しているようです。一緒に料理をしたり、共に料理を食べるメンバーを家族と定義したことは、非常に興味深いことです。ごはんを一緒に食べたいと思う相手には心がオープンになっていて、楽しい時間を過ごせるという期待がありますね。同じ屋根の下で暮らしている夫婦や親子であっても、関係がこじれると、自分の個室でひとりで食事をすることを選択したり、あげくの果てには親や配偶者の作る料理は口にしたくない、コンビニ弁当の方がましだというケースもあります。ここから考えてみると、「食事を共にするという行為」は、物理的な行動レベルだけではなく、相手との関係性や相手への認識や感情というものに深くかかわる行為であることがわかります。

総じて、家族社会学では「普遍的な家族の定義は不可能」という結論が出ています。

家族の機能の視点からの研究もあります。こちらは研究者によって多少の違いはあるものの、おおむね収斂《しゅうれん》されており、以下の坂本俊彦の整理がわかりやすいと思います（坂本 2003）。

性的機能――性交渉をとおした夫婦の性的欲求の充足
情愛機能――無条件に受け入れ尊重しあう情愛欲求の充足
生殖・養育機能――子孫を育てたいという欲求の充足
社会化機能――社会規範や生活様式を習得する能力の充足
生産機能――経済的欲求の充足（生活資源の獲得）
消費機能――経済的欲求の充足（生活資源の加工・分配）
教育機能――職業的な自立に不可欠な技能を習得する能力の充足
保護機能――生命や財産を維持したいという欲求の充足
休息・娯楽機能――身体を休めたり楽しい気分を味わいたいという欲求の充足
宗教的機能――祖先崇拝をとおした精神的な安らぎを得たいという欲求の充足
地位付与的機能――社会的地位を獲得したいという欲求の充足

しかし、この家族機能も時代とともに変化しています。家族機能の外部化が進み、社会化機能や教育機能は学校や習い事も担い、家事全般である食事、洗濯、掃除などは外食やケータリング、家事代行サービスの利用も増えて、家族のみが果たす役割ではなくなってきました。性的機能としても不倫や浮気の統計数からみれば、家族内に閉ざされたものではないでしょう。家族に残された機能は、情愛機能が中心になっていくかもしれません。

私たちが、日常会話や支援者として使用する「家族」というものは、その言葉を発するそれぞれの人が、それぞれ勝手なイメージや価値を付与している亡霊のようなものなのかもしれません。それをぜひ、心にとどめておいてほしいと思います。

2「家族」というものの歴史

私たちが現在馴染《なじ》んでいる「自分の意思で誰かと恋に落ち、結婚し、子どもを産み、『家族』を作っていく」という営みは、当たり前でも自然なことでもありません。家族は、普遍でも、不変でもなく、移り変わってきた歴史をもっています。「家族」という言葉が使用されるようになったのは明治時代であり、さほど古くから用いられているわけではありません。

江戸幕府が終焉し、天皇を国家統合の象徴とし「国民」が作り出されました。明治政府は国民を把握するために、屋号と切り離された姓（苗字）をすべての国民に与え、「家族」をさまざまな管理の単位としました。国家は国民がどこに移動しても国民のあり方を把握し、衛生、納税、教育、兵役や労働と関連づけるために戸籍をもとにした「家族」を作りました。1898（明治31）年の明治民法の制定までは、夫婦同姓の明確な規定はなかったといわれています。また、明治政府は当初、夫（男性）には「妾《めかけ》」の存在を法的に認め、一夫一婦制はまだ常識ではなかったようです。婚姻も流動的であり、離婚率も大正時代に入る頃まではかなりの高率であったことが報告されています。明治時代は１８６８年10月から１９１２年までです。おおよそ１５０年前にはまだ、「妾」が認められ、一夫一婦制度は根づいていなかったという歴史の事実に、もう少し目を向ける必要がありそうです。

芸能人や政治家の「不倫報道」のエスカレートぶりや、当人を社会的に抹殺するという過激さは、年々増しているように感じます。「浮気」という表現がいつの間にか、「不倫」に変化しています。倫理に反すると「正義」を振りかざし、「不倫」を絶対的悪のように審判していますが、１５０年前には男性に限って婚外の恋愛が認められていたことを知り、私たちの「常識」を疑ってみましょう。（男性限定というのはジェンダー視点から考えると不平等に思いますが、）絶対的真実という思い込みをチェックし、更新していくことが求められます。

夫婦同姓についても同様のことがいえるでしょう。明治時代の当初は夫婦別姓でしたが、１８９８年に民法ができ、妻が夫の姓を名乗る夫婦同姓が規定されました。そして「妻は嫁として夫の家に入る」という家意識が醸成されました。戦後の民主化の流れの中で１９４７（昭和22）年に民法が改正され、夫婦どちらかの姓を名乗る夫婦同姓になり、今に至っています。こうしたなか、選択的夫婦別姓の法制化についても議論が高まっています。この制度の実現に対して、強固に反対する政治家の意見には「夫婦別姓になると家族の一体感がなくなる」「伝統的家族主義が損なわれる」といったものがあります。夫婦同姓の歴史は１２０年余りという短い期間であるにもかかわらず、あたかも「伝統的家族主義」が不変的な真実であるかのような思い込みがあることがわかります。

3 近代家族の登場

次に、「家族の絆」や「夫婦は深い愛情で結ばれているもの」という考え方が常識のようになっていったプロセスをみてみましょう。

第二次世界大戦の前後で、日本における家族に関連する考え方やあり方は大きく変化しました。戦前の時代には、人々は現代のような核家族の中でなく、親族組織や地域、宗教組織などの共同体の中に経済的にも心理的にも包摂されていました。性別や年齢別からなる共同体グループの方が大きな力をもち、家族という単位は共同体の中に埋没していました。家族は、子どもを産み育てる・経済を完結させるという独立した単位としては存在していなかったのです。戦後に欧米の考え方や価値観が導入され、「近代家族」という家族のあり方が少しずつ定着していきます。

エドワード・ショーターによると、近代家族には３つの特徴があります（千田 ２０１１）。

(1) ロマンス革命 ―― ロマンティッククラブ・イデオロギー

恋に落ちた男女が結婚し、子どもを産み育てて添い遂げるという、愛と性と生殖の３点が結婚によって一体化されるという考え方です。この考え方では、愛のない結婚や婚姻外の性交渉、婚姻外で生まれる子どもは不自然であると捉えられることになります。先ほど述べた芸能界のこれでもかという「不倫」バッシングは、無自覚的であれ、この規範によって強化されているでしょう。すべての人間が結婚すべきであると考えられるようになったのは近代になってからです。近代社会以前は貧農の次男以降の男性や遊女など独身のまま生涯を過ごす者も多かったといわれています（千田 2011）。天皇家も近代以前は一夫多妻制をとっていましたし、大正天皇の母親は側室であるなど、天皇家は側室制度に支えられてきました。

また、ロマンティックラブ・イデオロギーそのものが矛盾を内包しています。恋愛の起源は中世ヨーロッパにおける、既婚者である貴婦人と騎士（独身男性）との恋愛といわれているのです。つまり今でいう「不倫」であり、結婚が恋愛の成就とは考えられていませんでした。恋愛と、家柄や財産を維持するための結婚は分けられるべきであり、結婚には恋愛という感情を持ち込むことが禁止されていたのです。

さらにいえば、少し唐突ですが、最近の恋愛の歴史研究においては、成人男性と少年との同性愛セックスが理想とされた時代もあり、異性愛規範が絶対的ではないことが明らかになってきています。

(2) 母子の情緒的絆 —— 母性イデオロギー

母性イデオロギーとは、母親は子どもを愛して当然である、また子どもにとって母親の愛情に勝るものはないという考え方です。前近代のフランス・パリでは、授乳や子育てを母親が行っているのは５％にも満たずまれなことでした。江戸時代の日本でも、子どものしつけは主に父親が担っていたということが明らかになっています。明治時代になって「良妻賢母」という言葉や規範が、恋愛イデオロギーの導入とともに作られました。次世代の「国民」を育成するという責務が母親にとって大きな位置を占めるようになりました。戦後も、１９６１（昭和36）年の「人づくり政策」に伴って「３歳児神話」が作られ、母性規範はさらに強化されてきます。その後「３歳児神話」には合理的根拠はないと厚生白書で否定されていますが、現在もなお根強く残っている状況にあるでしょう。

(3) 世帯の自律性 ── 家庭イデオロギー

家庭イデオロギーとは、家庭を親密な、この上なく大切なものとする考え方です。この「家庭」という概念も、明治時代に入ってから広まった翻訳語です。近代以前の世帯には奉公人や下宿人、女中などさまざまな血のつながりのない人々も一緒に暮らしていました。「家庭」という言葉は、非血縁のメンバーを排除し、血縁員によるプライベートな空間を自律的なものと考え、すべての家族メンバーが愛情によって強くつながることを理想としています。

戦後になると明るく民主的な「家庭」を作っていくことが目指され、１９６３（昭和38）年には「核家族」や自分たちの生活を最優先する考え方「マイホーム主義」が流行語となりました。都市化が進行し高度経済成長の時代に突入すると、夫は市場労働を担い、妻は家事労働を担う性別役割分業が一般化しました。政策もこれを後押しし、１９７９（昭和54）年「家庭基盤の充実」として専業主婦を優遇する税金および年金制度を創設します。家庭はプライバシー領域になり、それを守ることが大切であるという考え方が浸透し、家族に関することでは何をしようとその家族の自由であり、他人は口出ししないという風潮になりました。その結果、子どもをしつける権利と義務が親に一極化し、家族の中での暴力や権力関係がみえなくなりました。加えて、愛情の感覚、親しさ、楽しさ、親密性、感情表出、思いやりなど、人間関係の「よい」側面はすべて家族の中に放り込まれることになり、感情マネージャーという家族の役割が強化されたともいえるでしょう。

４ 近代家族から次のステージへ

近代家族の特徴をみてきましたが、これが現代の日本の家族に当てはまっていると感じたでしょうか。それは過去の遺産であると考えた人もいるかもしれません。私たちが当たり前であると考えていた「家族」「家庭」というものが近代家族のイデオロギーによって作られ、日本においては国家施策と結びついて強化されてきたことが改めて理解できたことと思います。

時間を「今」に合わせてみましょう。

運命の人に出会って恋に落ちた男女が結婚し、性と生殖を独占し、子どもを育て添い遂げるというロマンティックラブ・イデオロギーから考えます。離婚率の変遷は１９９０（平成２）年に21・８％、１９９５（平成７）年に25・１％、２０００（平成12）年には31・９％、２００

４（平成16）年には37・６％と、近年は３組に１組以上となっています。また国立社会保障・人口問題研究所（２０２３）による生涯未婚率（50歳時の未婚率のことで、45〜49歳の未婚率と50〜54歳の未婚率を平均したもので示される）は、男性28・３％、女性17・８％であり、２０４０年には男性で30・４％、女性で22・２％になるという推計が発表されています。この動向をみると、恋愛、性、生殖と結婚をセットとして考えていないことが、生涯未婚率の増加の一因になっているかもしれません。

また「セフレ」や「セカンド・パートナー」という言葉が日常語になっており、２０１８（平成30）年のファッション雑誌『ＧＩＮＧＥＲ（ジンジャー）』の「夫や彼などのパートナー以外の人と体の関係を持ったことがあるか」という調査結果では、なんと41％の女性が「ある」と回答しています。一方、不倫バッシングは依然として根強くあることからも、ロマンティッククラブ・イデオロギーは二極化していると考えられるでしょう。

次に、母親は子どもを愛して当然、また子どもにとって母親の愛情に勝るものはないという母性イデオロギーは現在も生きているのでしょうか。昨今のメディア報道で日々繰り返されているように、児童虐待によって、原因はともあれ母親は暴力の担い手になりうるということが明らかになりました。「母性本能」という神話はすでに解体されたといっても過言ではありません。

「子どもをかわいいと思えない」と、雑誌やＳＮＳに投稿される時代となりました。２０２

3（令和5）年には『母親になって後悔してる』（オルナ・ドーナト著）、『母ではなくて、親になる』（山崎ナオコーラ著）という本が大きな反響を呼びました。「母性」は自然な性質ではなく、親として育っていくものだという考え方になってきたと感じます。「父性」も同様で、子どもの養育を経験した男性には内分泌学的な変化が生じ、オキシトシンが増加することで生殖から養育へと行動変容に影響することが明らかになってきました。また、この変化が顕著な父親ほど、子どもへの愛情的な接触などの養育の質が高まることが示唆されています（南 2023）。ジェンダーによる差別をなくそうという機運の高まりによっても、母親だけが子どもを愛するべき、母親だけが育児を担うべきという母性イデオロギーに基づく考え方は、希薄になりつつあると考えられます。

一方、現在も母性イデオロギーに呪縛される母親は多くいるとも感じます。この状況を浅野智彦は「『母性』が近代の神話（イデオロギー）だと知っていても、幼い子供をおいて仕事に出かける母親はしばしばどうしようもない罪悪感に捕らわれてしまうことがある。困難は外側（諸制度・諸慣行）にあるのではなく、そもそもそれに挑戦しようとしている当の本人の内側に染み込んでしまっているのではなかろうか」と指摘しています（浅野 2001）。また、保育者や子育て支援者には、子どものケアにおいては家族によって行われるものを家族以外の者によるものよりも優先するという規範がまだまだある（松木 2013）状況です。

最後に、家庭イデオロギーの検証です。「家庭」はもはや深い愛情で結ばれた平和の王国でなく、トラブルや虐待という暴力が起こりうる危険な場所であることが明らかになってきました。１９９０年代には「アダルトチルドレン」という言葉が流行し、親との関係の中で子ども時代に子どもとして過ごすことができないまま大人になった人々の病理が注目されました。現在も、児童虐待や家族の不仲、感情抑圧などの機能不全家族で育ち、生きづらさを抱えた人がいます。親との関係の中で何らかのトラウマを抱えたり、過度に「いい子」でいることを余儀なくされたなどの経験から、他者の期待に過剰に敏感になるなどの状況に陥り、その結果、自己のアイデンティティ（identity）の不安定さを感じたりする人々についてもクローズアップされています。子どもにとって家庭は「安全な居場所」ではなくなり、新宿歌舞伎町の「トー横」と呼ばれる場所には、多くの子どもたちが家庭から逃げてやってきます。

このような状況になれば、「家庭」には「プライバシーの砦《とりで》」はなくなってきます。乳幼児健診では児童虐待やマルトリートメントを早期に把握しようという観点で問診され、気になる点があれば市区町村の保健師や助産師の家庭訪問を受けて指導・助言の対象になります。もっと早い段階から、すでに家族は介入の対象になっているという見方もあります。妊娠の届け出や母子手帳交付の際にも、市区町村では児童虐待のリスクチェックを行い、問題があれば「特定妊婦」というカテゴリーに位置づけられ、出産前から支援の対象となります。２０２４（令和６）年までの10年間で、特定妊婦は10倍にも増えているという報告もあります。一方、第１章でもふれましたが、妊娠・出産・子育ては夫婦で楽しむためのイベントやレジャーとしての色彩が強くなっているとの見方もありますし、東日本大震災を契機に「家族の絆」が強化されている状況にもあります。

近代家族に伴うこれら3つのイデオロギーはどうやら、単純に過去の「遺産」として片づけるわけにはいかないようです。私たちが親や家族に対してある種の判断や思いを抱く際に、これはロマンティックラブ・イデオロギー、母性イデオロギー、家族イデオロギーに影響されてはいないかと、自己点検することが必要でしょう。その時々で自分にとって都合の良い、あるいはラクな考え方（イデオロギー）や規範を用いていないかを内省することが重要です。

保育所でお迎えの遅くなった母親に対して、「寂しかったよね、なんせママが一番だからね」などと母子に向かって声をかけたりする光景がよくありますが、これも母性イデオロギーの産物です。「不倫だけならともかく、妻子ある男性との子どもを産むのはありえないよ」と感じるとき、恋愛はともかくとして、生殖と結婚をセットにしているロマンティックラブ・イデオロギーの影響があるのかもしれません。イデオロギーは絶対的真実ではなく、歴史や文化が創り出したある一つの考え方に過ぎないと自戒することを忘れてはなりません。

2　子どもをしつけるのは親だけか――親役割の歴史

1 子どものしつけに右往左往する親たち

育児雑誌や子育て関連のサイトには、子どものしつけに関する多くの悩みが寄せられています。ＮＨＫのＥテレ番組「すくすく子育て」では、「食事のマナー」や「公共のルール」などを子どもに教えるのは難しいですよねと、親に共感的なメッセージが番組のウェブサイトにも掲載されています。「しつけは何歳から？」「効果的な伝えかたは？」などに対しても詳しく回答していますが、それらは無自覚に「しつけは親がするもの」という前提の内容になっています。番組にも出演している発達心理学者の遠藤利彦は「裁縫では、まずしつけ糸で仮縫いをしてから、本縫いをします。それを子どものしつけで表すと、親のしつけによって『仮縫い』をし、子ども自身で『本縫い』をするというイメージです。つまり、本来のしつけという言葉の意味は、『子どもが自立する下支えをする』ということです」（ＮＨＫエデュケーショナル２０１６）としつけの意味を説明しています。親がしつけという仮縫いをするということです。

一方、『心理学辞典』でしつけを調べると「大人から子どもに対してなされる、その社会で必要な習慣やものの考え方などについての指導や訓練」（繁多１９９９）とあります。これをわかりやすく小武内は、「大人が自ら正しいと考える様々な価値を、しつけを通して（時に『ほめ』、『叱り』を入れながら）伝達し、子どもはそれを内面化する。そしてその一連の行為は、子どもの人格発達や社会性の育成に重要な役割を果たすとされてきた」と解説しています（小武内２０１１）。心理学辞典による定義などによれば、大人が子どもに対してなされる行為と説明されていますが、しつけは「親」がするべきものという言及はありません。

世論調査等でも「家庭の教育力が低下している」という見方が多くの人に支持されていたり、世間一般に「昔はしつけがしっかりしていた、どの家でもしつけが厳しかった」という論調がみられます。いつの間にか、しつけは親や家庭がするべきであるという「定説」や「常識」が作り上げられてしまっているようです。にもかかわらず、親が子どものしつけにこれほど悩むのはどうしてなのでしょうか。

保育士向けの雑誌やインターネットのサイトには、しつけをしない親の特徴5選がまとめられています。

①愛情に基づいてしつけをしていない
しつけの裏側には必ず愛情がなくてはいけません。親の感情「腹が立ったから」「むしゃくしゃしているから」などで怒るのは、愛情とは言いがたい行為です。
②しつけを「厳しくする」と誤解している
単に厳しくすることはしつけではありません。何度言っても間違ったことを繰り返す

ときは、厳しくすることも必要です。しかし、理由もなく常に厳しくすることは、子どもに辛い思いをさせているだけと言えるでしょう。
③叱る基準が定まっていない
子どもを叱るときは、いつも同じ基準で叱るようにしましょう。親自身の機嫌が悪いときは叱り、機嫌が良いときは叱らないでおくならば、子どもは、「親の気分が良いこと」が大切だと考えるようになります。
④ほめない
しつけとは、叱るだけではありません。良いときにはほめることもしつけの一環です。子どもが前回注意した点を直していたときには、しっかりとほめるようにしましょう。
⑤子どもを見ていない
しつけできない親は、子どもを見ていないことが多いです。子どもを見ていないので、子どものちょっとした変化にも気付くことができません。
（「保育士ライフ」より抜粋し、筆者が整理）

その上で、「しつけされなかった子どもの将来は悲惨、親が悪い、しつけをされていないと人に迷惑をかけて、不幸になる、親が悪いのにかわいそう」という文章まで添えられているものがあります。

SNS上ではさらに、しつけをしない親を過激に責める投稿もみられます。

「なんで母親は叱らないの？　叱ることができない人間は親になったらダメだよ　ちゃんとしつけできない親がいるから常識も分からん奴が世に放たれる、まじで終わってる」

「しつけをできない親って本当に害悪」

このように強い非難を浴びることを恐れるあまり、親たちは子どもの言動をコントロールすることに専心しなければならないのでしょう。子どもが他人に迷惑をかければ、親である自分が世間から後ろ指をさされ、人格を否定されることになりかねません。そういう意味では、第1章でみたように、親の人生において「子育ては最大のリスク」ということになりますね。

2 しつけの歴史

先にもふれましたが、しつけの責任が親にあるという「常識」はいつ頃どのようにしてできあがってきたのでしょうか。それを、ソーシャルワークの視点である時間軸、すなわち歴史から読み解いてみたいと思います。この研究は広田照幸（1999）がわかりやすく整理しているので、参考にみていきましょう。

明治後期から昭和初期の時代は、家庭でのしつけはなかったことが示されています。共同体という規範の中で人々は暮らしており、独自の目標や手段を選択しうるという意味での家庭教育は存在していませんでした。しつけの担い手としては、家族というよりも子供組・若者組のような同年齢集団や親戚・隣人などの周囲の人を含めた大きなネットワークがあり、地域全体が人間形成の機能を果たしていました。「子どものしつけは親の責任である」という観念は昭和初期までの時代においては希薄であり、共同体の暗黙の規範や、視線による拘束や統制の中では「親は極度に無力」であったことが明らかにされています。

加えて、家族が直面していた問題の中で子どもの問題の優先順位は低く、労働－生産の問題こそが中心的な関心事でした。子どもの世話は老人や年長児にまかせてしまうほどの「つまらない仕事」でしかなく、乳幼児期における母親とのスキンシップが大切だとも考えられていませんでした。また、子どもの成長や成功が親の自己実現の一部となるという考え方も希薄でした。

現代に近い子育て観への変容についてみてみましょう。

第二次大戦後には、人々の価値観や労働－生産スタイルが大きく変化します。１９５３（昭和28）年の論文（小川 １９５３）には、社会の中層の中産階級の存在が指摘されています。１９５０年代後半から高度経済成長期に突入し、都市化・核家族化が進行していきます。１９５８（昭和33）年の内閣府による「国民生活に関する世論調査」の第1回調査結果において、自身の生活の程度について、中の上から中の下を選んだ人の回答比率はすでに7割を超えていました。１９７０年代には「一億総中流《いちおくそうちゅうりゅう》」という、日本国民の大多数が自分を中流階級だと考える意識を指す言葉が大流行しました。中産階級の親は、できるだけ高い教育を子どもに受けさせることによって、自己とその子の社会的地位を向上させようと考えるようになりました。1960年代後半には「教育ママ」が流行語になり、あらゆる階層で学歴主義的競争に巻き込まれ「家庭の教育力」に取り組まなければならない時代になったのです。

1970年代に入って高度成長期が進行すると、第一次産業や自営業が減少したり「家業の消失」によって、すべての社会層の親が、子どもの教育・進学に無関心ではいられなくなりました。それに加え、一家庭あたりの子どもの人数も減少し、「少ない子どもを大切に育てる親の志向」は当たり前のこととなりました。「子どものより良い成長」や受験の成功、子どもとの親密な時間などが、親自身の自己実現のかなりの比重を占めるようになります。また「パーフェクトペアレント」という言葉も登場するようになります。

2018年に韓国で大ヒットした『SKYキャッスル～上流階級の妻たち～』というテレビドラマでは、現代の子育て観・しつけ観が象徴的に描かれています。2024年にはこのリメイク版が日本でも制作・放映されています。そこで描かれるエリート階層の母親たちは、子どもの受験のために医師や弁護士という専門性の高い自分のキャリア形成を断念し、子どもの教育に専念することを美徳としています。

3 家庭教育の名のもとに

親に課された責務は教育力だけにとどまりません。より大きな責任を帰し、加速させたのは青少年の凶悪事件であり最も大きな契機となったのは、１９９７（平成９）年に神戸市で起きた「酒鬼薔薇《さかきばら》事件」です。神戸市須磨区で、当時14歳だった中学3年の男子生徒が児童５人を襲い、うち2人を殺害した少年事件です。少年は酒鬼薔薇聖斗を名乗る犯行声明文を報道機関に送りつけたことから、「酒鬼薔薇聖斗事件」と呼ばれるようになりました。当時の首相が即座に「心の教育」の必要性を提唱し、翌年には中央教育審議会が答申を出し、家庭のしつけの望ましいあり方がこと細かに提示されました。「思いやりのある明るい円満な家庭を作ろう」「会話を増やし、家庭の絆深めよう」などという抽象的なものでしたが、わが子の非行を恐れる親には一定の影響力があったものと推察します。

２０１７（平成29）年の安倍政権下では「家庭教育支援法」の制定が目指されました。この法案は可決されませんでしたが、２０１２（平成24）年のくまもと家庭支援条例の制定を皮切りに、この理念に基づいた条例が2けた以上の自治体で施行されています。私たちの子育て観に大きな影響や規範を与えているのは当然だと思います。自民党案（修正案）の一部をみてみましょう。

> 第二条　家庭教育は、父母その他の保護者の第一義的責任において、父母その他の保護者が子に生活のために必要な習慣を身に付けさせるとともに、自立心を育成し、心身の調和のとれた発達を図るよう努めることにより、行われるものとする。

2　家庭教育支援は、家族が共同生活を営む場である家庭において、父母その他の保護者が子に社会との関わりを自覚させ、子の人格形成の基礎を培い、（修正後の文言は未公表）ことができるよう環境の整備を図ることを旨として行われなければならない。
3　家庭教育支援は、家庭教育を通じて、父母その他の保護者が子育ての意義についての理解を深め、かつ、子育てに伴う喜びを実感できるように配慮して行われなければならない。

法律において家庭教育の内容にまで言及することに対して、多くの識者は異議を唱えています。社会学者の木村涼子は「国家が『家族のあり方』を強制する時代がやってくる！」（木村2017）と警鐘を鳴らし、「生活のために必要な習慣」「自立心」「心身の調和のとれた発達」「子に社会との関わりを自覚させ（る）」ことなどは、国家が個人や個々の家庭に強制するようなものだろうか、と指摘しています。こうした内容を家庭教育の責務として国民に強制する法案ができることは、第二次世界大戦後新憲法下では初めてのことだといえるでしょう。

マクロである法律を変えようという空気にも影響されて、生きていくのが人間の性《さが》ではありますが、たかだか100年前には「家庭ではしつけをしていない」ことが当たり前だったということを忘れてはいけません。「就職は、親で決まる」というキャッチコピーのチラシを親に送り、親向けセミナーを主催する名門大学すら出現し、結婚市場でも、子どもの履歴書を持参した親が婚活する時代になってしまいました。そのようなムードを面白おかしく語りながら加速させている原因の一端は私たちにもあるかもしれません。しかし、現代の「子どものしつけは親に責任がある」という常識を絶対的真実ではない、「神話」かもしれないと俯瞰的にみることが重要です。神話を鵜呑《うの》みにして、親たちを苦しめる支援がなされているのであれば、何としても止めなければいけません。

3　家族の多様なかたち

1 日本の世帯の現状

日本の社会保障のしくみは夫婦二人とその子どもという家族を前提にしているといわれています。しかし、現状はそれと大きく異なります。日本の家族の現状を政府統計から改めて確認しましょう。『令和5年版　厚生労働白書』によれば、2020（令和2）年の状況は、単独世帯38・1％、夫婦のみの世帯20・1％、夫婦と未婚の子のみの世帯25・1％、ひとり親と未婚の子のみの世帯9・0％、その他の世帯7・7％になっています（図3-1）。一人で暮らしている世帯が4割弱で、2～3世帯のうち1世帯が一人暮らしということになります。さらに2040年の推計値が出ていますが、単身世帯は39・3％に、ひとり親世帯は9・7％に増加すると見込んでいます。先の節でみましたが私たちのイメージする「家族」を営んでいるのは日

	世帯総数
1990	40,670,475
1995	43,899,923
2000	46,782,383
2005	49,062,530
2010	51,842,307
2015	53,331,797
2020	55,704,949
2040 推計	50,757,068

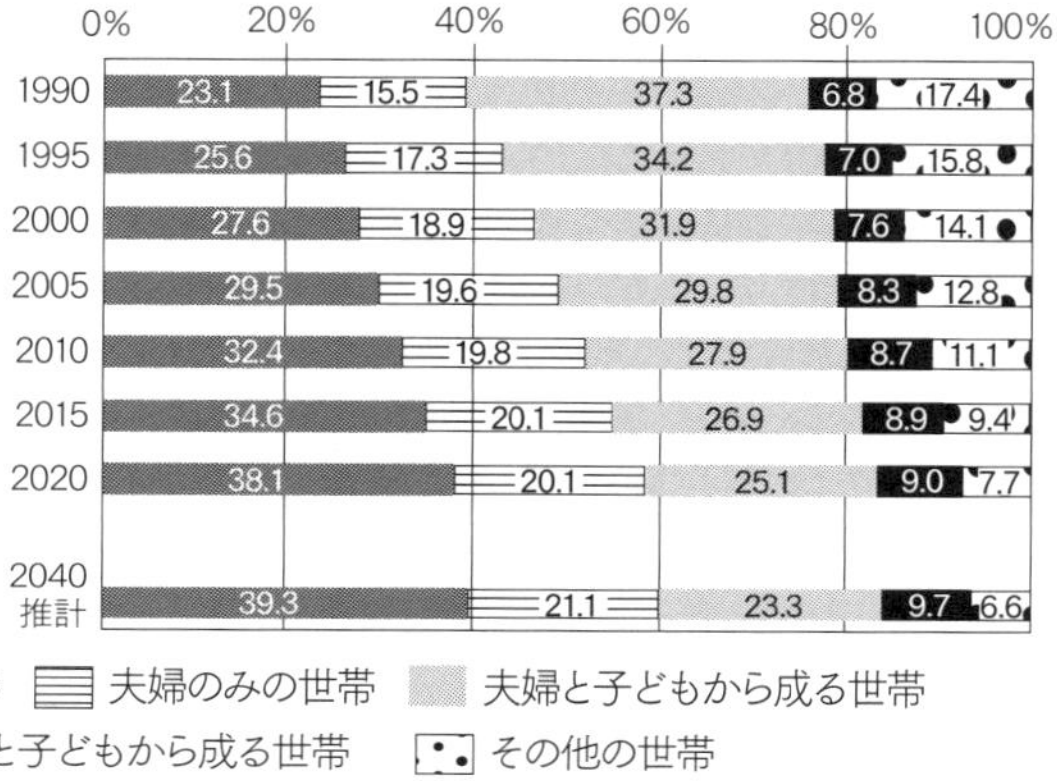

図 3-1　世帯総数・世帯類型の構成割合の推移

資料：2020 年までは総務省統計局「国勢調査」、2040 年推計値は国立社会保障・人口問題研究所「日本の世帯数の将来推計（全国推計）」（平成 30 年推計）による。

注：1990 年は、「世帯の家族類型」旧分類区分に基づき集計。世帯類型における「子ども」は、成年の子も含まれる。2010 年から 2020 年における割合は、世帯の家族類型「不詳」を除いて算出している。

出所：厚生労働省『令和 5 年版　厚生労働白書』2023 年（https://www.mhlw.go.jp/wp/hakusyo/kousei/22/dl/zentai.pdf）

本の中で何割になるのでしょうか。

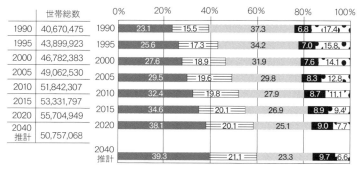

また、２０２３年「国民生活基礎調査の概況」によれば、18歳未満の子どものいる世帯は全世帯の18・1％となっており、82％の人々は子どもと共に暮らしていない状況がわかります。

政府統計の類型では可視化されませんが、ステップファミリーの中で子育てする親と子どもについても留意することが大切です。ステップファミリーとは、子どもを連れた男女が再婚することで形成された家族であり、片方が初婚のこともあります。家族のそれぞれ、親にも子どもにも、喪失体験をもちながら新たな家庭を作る葛藤やプロセスがあります。最初の家庭での習慣やしつけ、文化（挨拶、入浴の順番、許容できる言動、箸の上げ下ろし等）などと異なることが多く、戸惑いが生じやすいといわれています。また、親は新しいパートナーや血縁関係のない子どもを気遣うために、実子との関係を後回しにする傾向があることにより、家族内のコミュニケーションが複雑になります。

2 さまざまな家族

先ほどみた『令和５年版　厚生労働白書』では、その他の世帯が７・７％を占めていました。どんな家庭か推察してみましょう。まず考えられるのは法的に婚姻をしていない「事実婚」のカップルおよびその子どもが含まれる世帯です。また、世帯としては別々に分類されますが、シェアハウスという、血縁関係のない人々が同居し、家の一部を共有するスタイルもみられます。最近では同様の境遇、たとえばひとり親家庭が複数世帯同居し、支え合いながら生活している事例もあります。

(1) LBGTQs家族

また、ＬＧＢＴＱｓの人たちの権利に関する議論が高まり、少しずつですが同性カップルとして市民権を得る人たちもでてきています。日本の法律では、まだ同性婚は認められていないので、法的な夫婦としては認められていません。地方自治体レベルでは、２０１５（平成27）年に日本で初めて東京都渋谷区と世田谷区が条例を創設し、同性カップルであることを自治体が証明したり、宣誓を受け付けたりなどするようになりました。このいわゆる「パートナーシップ制度」は、国が法律で認める「結婚」とは全く違うものです。民法で定められる相続や扶養義務など、法律上の義務や権利を行使することはできません。パートナーシップ制度を導入している自治体は、２０２３年度現在で２７８、人口カバー率は68・４％となっています。

「パートナーシップ宣誓書受領証」を取得することによって、当事者にはどんなメリットがあるのでしょうか。この制度は自治体独自の施策であるため法的拘束力がありませんが、公的に認められることで、社会での生きづらさや不安感が軽減されることに大きな意義があるといわれています。また、取り扱う企業によって差異はありますが、クレジットカードの家族カード発行や携帯電話の家族割引が受けられる場合もあります。他にも、公営住宅への入居資格が得られるなど、受けられる官民のサービスがある程度広がる可能性があります。

世界に目を向けてみると、２００１（平成13）年に世界で初めてオランダで同性婚が認められて以降、ヨーロッパ、南北アメリカ、オセアニアなどに広まっていきました。アジアでは、２０１９（令和元）年5月から台湾で同性婚ができるようになりました。２０２４年の段階で、同性婚の制度を有するのは37の国と地域となっており、世界中の約20％に及んでいます。

また、ＬＢＧＴＱｓのカップルが子どもをもつことの議論が最近活発になってきました。この問題においても、第2章でみてきた人工授精という方法が検討されることになります。生物学的に男性同士・女性同士のカップルになるので、卵子か精子を提供してくれるドナーが必要となります。女性同士のカップルの場合には精子提供を受け妊娠・出産が可能となりますが、日本産科婦人科学会では精子提供による人工授精の治療を受けられる対象を、法的に婚姻している夫婦としているので不可能な状況です。知人・友人から精子の提供を受けたり、ネット上で精子の売買をしたりという報道も見聞きしますが、当事者だけで生殖行為を行うのはさまざまなリスクがありそうです。男性同士のカップルでは、卵子提供のみでは妊娠・出産は不可能です。代理母という選択に限定されますので、日本においては法的に認められることはありません。

注意深く考えてみると、ＬＢＧＴＱｓのカップルにおいても、近代家族のイデオロギーが残存しているのではないかと感じます。愛と性と生殖という3点が結婚によって一体化されるというロマンティックラブ・イデオロギーや、子どもを育てることが家族としての臨界条件となる家族イデオロギーに支配されているのかもしれません。家族イデオロギーには非血縁者を排除する条件が付随しているので、カップルどちらかの血縁を引き継ぐ子どもを欲するのは、当然の感情だとも考えられます。一方、生まれてきた子どもの出自を知りたい、遺伝上の親を知りたいという欲求は、第2章で指摘した、異性間カップルの間で非配偶者の精子や卵子を用いて出生した子どもの苦悩や葛藤と共通していることにも留意しなければなりません。

⑵ 世界の家族

世界には、さまざまな形態の家族が存在しています。私たちの「常識」や「定説」を俯瞰的

にみるためにいくつか紹介しましょう

〈インドのナヤール族の訪妻婚〉

インド・ケララ州の領主身分カーストであるナヤール族の家族は母系的な親族集団で、一人の女性を中心にした場合、その女性の兄弟と姉妹、娘と息子、娘の子、孫娘の子、姉妹の子孫で構成されています（山根 1968）。その構成員の中の各女性の配偶者が一人として家族集団の中に含まれていないのが特徴的です。婚姻が成立し、子どもが生まれた後も、夫と妻は同居せずにそれぞれ生家に所属し、暮らします。夫は妻の集団に組み込まれないまま、妻を訪れる通い婚という習慣となっています。

妻のもとに通う夫は通常、3人ないし8人いるといわれています。夫たちは夜、夕食後に妻を訪問し、翌朝の朝食前に帰ります。一人の妻のもとに通う複数の夫たちの間には、訪問日に関して協定が成立していたようです。複数の夫たちは妻に対して性的パートナーとしての役割をもつ以外は、妻やその間にできた子どもに対して扶養の義務も、育児、社会化の義務ももっていませんでした。妻との関係における彼らの唯一の義務は、しかるべきときに妻に対して贈り物をすることぐらいに過ぎなかったようです。夫たちは自分の生まれた生家の家族のもとで暮らし、その姉妹やその子どもに対して扶養や教育の責任を果たしていたといわれています。

ところで、複数の男性が一人の女性のもとに通うという状況下では、誰が生物学的父親であるかということは不明確にならざるをえません。誰を父親とみなすかの決定は、真に生物学的父親であるかどうかということではなく、誰が分娩料を支払うかによってなされました。

通い婚の習慣は、ガーナのアシャンティ族や、インドネシアのミナンカバウ族にもみられます。

〈一妻多夫制〉

複婚制とは、複数のパートナーが存在する結婚を指します。複婚制には、一夫多妻制と一妻多夫制の２種類がありますが、ここではあまり知られていない一妻多夫制について紹介していきましょう。一妻多夫制は、１人の妻と複数の夫との結婚を指しますが、その中でも兄弟型一妻多夫制が一般的であるとされています。一妻多夫婚の伝統のあるチベット族について、一妻多夫婚が成立する理由を考察する文献からその詳細を紹介しましょう（六鹿 2011）。

一妻多夫婚では、兄弟が結婚により分家しないので、土地や財産の散逸を防ぐことができ、労働力が減少することなく生産性を確保できるという経済的メリットがあることが指摘されています。しかし、それだけで一妻多夫婚が形成されるものではありません。チベット族の兄弟は同じ「骨（rüi̇̀pa）」をもつとされ、一体化したかのように密接な関係にあるため、夫となる兄弟は一組のまとまりとして捉えられているようです。一組の兄弟と一人の妻による結婚であるとするならば、それはあたかも１対１に近似した結婚であると考えられるため、一妻多夫婚は成立できると考えられています。

一人の女性が同時に二人以上の男性を配偶者とする一妻多夫婚の事例は、インドのトダ族や、他にはポリネシアのマルケサス島人、スリランカのシンハラ人などの一部の民族でみられています。一妻多夫婚とされる多くの場合、実際に男たちによって共有されているのはその女性との性行為の権利だけだといわれています。先にみたナヤール族も一妻多夫婚のカテゴリーに入るかもしれませんが、チベット族のように労働力や経済の担い手としての夫の役割はないので、家族形態としてはかなり異なるでしょう。

私たちが暮らす日本の文化や「常識」から考えてみると、どのように感じられるでしょうか。先進国の多くが採用している一夫一婦制度は、長い歴史やグローバルなマクロな視点でみると、正義の根拠ではなく、小さな石ころに過ぎないのかもしれません。

［引用・参考文献］

浅野智彦（2001）『自己への物語論的接近——家族療法から社会学へ』勁草書房
上野千鶴子（1994）『近代家族の成立と終焉』岩波書店
小川太郎（1953）「近代社会における親子関係と教育」『児童心理』第7巻9号、761-769頁
小武内行雄（2011）「しつけを通じた親の『悩み』『成長』と子どもにおけるしつけ認知との関連」『教育心理学研究』第59巻4号、414-426頁
木村涼子（2017）『家庭教育は誰のもの？——家庭教育支援法はなぜ問題か』岩波ブックレット
国立社会保障・人口問題研究所（2023）「人口統計資料集（2023改訂版）」

坂本俊彦（２００３）「家族の構造と機能」木下謙治編『社会学――基礎概念と射程』九州大学出版会
千田有紀（２０１１）『日本型近代家族――どこから来てどこへ行くのか』勁草書房
繁多進（１９９９）「しつけ」中島義明・安藤清志・子安増生ほか編『心理学辞典』有斐閣、３４５頁
広田照幸（１９９９）『日本人のしつけは衰退したか――「教育する家族」のゆくえ』講談社現代新書
保育士ライフ　https://hoiku-life.com/hoikusi/shitsuke-dekinai.html（閲覧日２０２４年12月23日）
松木洋人（２０１３）『子育て支援の社会学――社会化のジレンマと家族の変容』新泉社
南香奈（２０２３）「父親になる男性の養育ホルモン（オキシトシン）の変動およびその役割の解明」科学研究費助成事業研究成果報告書
みんなのパートナーシップ制度「全国パートナーシップ制度 導入状況」（https://minnano-partnership.com）
六鹿桂子（２０１１）「チベット族における兄弟型一妻多夫婚の形成理由の考察」『多元文化』11号、１４５-１５７頁
森岡清美編（１９８３）『新版　家族社会学』有斐閣
山根常男（１９６８）「ナヤール考」『大阪市立大学家政学部紀要』第15巻、１８３-１９４頁
ＮＨＫエデュケーショナル（２０１６）「しつけの悩み」（https://www.sukusuku.com/contents/83895）
ＮＰＯ法人ＥＭＡ日本「世界の同性婚」http://emajapan.org/promssm/world

第4章

子育て支援の新しい考え方

この章ではまず、世界が注目するフィンランドのネウボラという子育て支援のしくみを紹介し、日本版ネウボラとの違いを確認しましょう。次には、古くて新しい考え方である「アロペアレンティング」ならびに「アロマザリング」について、脳科学や文化人類学の知見をふまえて解説したいと思います。最後に、これらの理念を日本の私たちが取り入れがたい現実や、社会的な障壁になっているものの正体についても考えていきましょう。

1　子育ての社会化――フィンランドの子どもは「社会の子ども」

1 フィンランドで生まれた子育て支援システム――ネウボラ

フィンランドの子育て支援「ネウボラ」は世界でも注目を集めています。ネウボラ（neuvola）には「アドバイス（neuvo）の場」という意味があります。出産ネウボラは1920年代の民間の周産期リスク予防活動を出発点とし、1944（昭和19）年に制度化されました。その後、出産・子どもネウボラとして発展しました。出産・子どもネウボラとは、妊娠期から就学前にかけての子どもと家族を対象とする支援制度であり、「かかりつけネウボラ保健師」を中心とする産前・産後・子育ての切れ目ない支援のための地域拠点を指します。できるだけ同じネウボラ保健師が、産前から定期的に対話を重ね子ども家族との信頼関係を築き、個別の子ども・家族への的確な支援のために、必要に応じて専門職間・他機関（医療、子どもデイケア、学校等）のコーディネート役となります。ネウボラ保健師（通称・ネウボラおばさん）は、**あらゆる所得・経済階層の子ども・家族にとって身近な存在**であり、多様な家族に対応できるよう専門教育を受けた専門職です。フィンランドの若者にとってネウボラ保健師は憧れの職業になっています。また、出産・子どもネウボラは、ほぼ100％に近い子育て家族が利用しています。

フィンランドの子育てでは、「親の子ども」ではなく、「社会の子ども」という理念に基づき家族支援が行われています。ネウボラの家族支援は、子育てする家族を社会的に包摂していくシステムの一つになっているのです。一つの家族を一人のネウボラ保健師が担当する「切れ目のない子育て支援」は、子育てにとどまることなく、親が抱える諸問題、たとえばアルコール依存やドラッグ、喫煙、メンタルケア、暴力などから国民の健康を守るという目的をあわせもっています。日本と比較すると、母子保健法にみられるように母親だけを偏重していない点や、家族メンバーの一人ひとりを尊重していることが大きな相違点といえるでしょう。

2 ネウボラの特徴

(1) 普遍性の原則 ―― すべての妊婦・母子・子育て家族が対象

ネウボラには、「貧しい母親にも裕福な母親にも、全員に直接のアドバイスの機会を確保する」という基本理念があります。所得の高低などにかかわりなく全員に提供される普遍的な支援であることが、ネウボラのサービスを利用する抵抗感をなくしていると考えられます。子ども、母親、家族全体を丁寧にケアするネウボラだからこそ、より高度な専門的支援へのニーズを早期に把握できることにもつながります。また、子どもと母親だけでなく父親やきょうだいを含め、家族全員がネウボラ保健師のサポートを受けられます。

(2) 社会からの祝福 ── 育児パッケージ

妊婦健康診査を受けると、フィンランド社会保険庁から育児パッケージもしくは170ユーロ（日本円で約2万7710円／1ユーロ163円として算出）が支給されます。ほとんどの家庭、特に第1子を迎える家庭では育児パッケージを選択します。

育児パッケージの中身はベビーケアアイテムやベビー服、親が使用するアイテムなど43点です（2022年版）。育児パッケージの箱は赤ちゃんの最初のベッドとしても使え、箱のサイズに合わせたマットレスや羽毛布団、ベッドリネンが用意されています。パッケージの中身は男女共通で、価格や用途、さらに両親からの要望を考慮しながら少しずつ改良され、昨今は、よりサステナブルなものになっています。**育児パッケージは、生まれてくる子ども全員への、社会からの分け隔てない祝福と歓迎のシンボルです。**

(3) 切れ目ない子育て支援

担当制になっているため、基本的には妊娠期から子どもが小学校にあがるまで、同じネウボラ保健師が継続的にサポートをします。

ネウボラを軸とする「切れ目ない支援」は、「切れ目ない対話」を紡いでいくことでもあります。妊娠の初期から親とずっと人生のストーリーを共有しているネウボラ保健師に対して、親は信頼を寄せ、子育てや子どもの発達だけでなく、自分の心身のコンディションや家族関係（カップル関係、親子関係、子どものきょうだい関係など）、仕事や家計のやりくり（経済面）などについて、心配、気がかり、不安や悩みを抱えこまずに「語る」ことができます。妊娠中や周産期および子育てにおいて、リスクや問題の早期発見ができ、必要なタイミングで支援を開始できる可能性も高まります。

(4) ネウボラ保健師の専門性

ネウボラ保健師は、ネウボラでの対人支援・相談援助に特化した専門家研修を重ねている専門職です。このポジションにボランティアを置くといった発想は、フィンランドではありえません。養成課程のカリキュラムには「多文化社会による看護」という科目があり、マイノリティである貧困層家族や未婚・非婚・再婚の家族、10代の出産、ＬＧＢＴＱｓなどの多様な家族への支援の知識とスキルを身につけており、多様性の尊重の土台になっていると考えられます。また「エンパワーメントワークの技術」という科目も設置されています。子育てで困難を抱える家族は自己評価が低くなり、メンタルに問題を抱えることも少なくなく、そのような対象に対してエンパワーする技術を身につけています。

(5) 手厚い産後ケア ―― ポジティブで楽しい子育て経験のために

周産期から就学前までの「子どもネウボラ」での定期健診の頻度や担当者・内容をみてみると、生後１～２週目、２～４週目、４～６週目と生後１か月半までの時期にほぼ２週間おきに、さらに生後１か月半から８か月までは毎月という高い頻度でネウボラとつながっていることが特徴的です。ちょうど過労や産後うつといった危機に瀕しやすい時期に、ネウボラが母子を支えています。もちろん、父親や家族メンバーへの情報提供・啓発も含まれています。不安定になりがちな産後の母子を支え、特に最初の子どもの子育てが苦痛でない「ポジティブで楽しい」経験となることは、母親が第2子以降の出産に前向きになれる可能性を高めやすいといわれています。

(6) 母子支援から子育て家族全体をつつむ「包含する支援」へ

総合健診は、子育て家族全体の健康状態と幸福度を把握することを目的として行われています。母子だけでなく、父親やきょうだいを含め、家族全員がネウボラ保健師と面談します。この総合検診は、近年特に重点的に進められている取り組みであり、その根底には、乳幼児の発達状況を、母子愛着、親・養育者との関係性の発達の具合、養育者（親）同士のカップル関係、全体の家族関係と関連づけて把握する「子どもの発達保障」という考え方があるからです。なお、総合健診には家族全員が参加するので、親たちが平日にネウボラに行けるよう、職場・雇用者も子育て支援の意義を理解していることが前提となっています。「親の子ども」でなく「社会の子ども」という理念が、社会全体に浸透しているといえるでしょう。

(7) ネウボラ保健師のための全国共通の指針

面談では傾聴だけでなく、観察や実用的な情報提供・啓発も同時進行で行われます。虐待やDVといった暴力問題についてのネウボラでの問題意識も高まっており、面談セッションでさりげなく話題に取り上げることが全国的な指針として共有されるようになっています。ネウボラ保健師は日本で行われているような、チェックシートでチェックする問診とは全く趣が異なり、利用者との会話の中でパートナーとの関係性やDV、虐待の可能性、アルコールや薬物依存の可能性を見つけていくことができます。

3 在宅子育ての手当

ネウボラ以外のフィンランドの子育て家庭への経済的支援についても紹介しましょう。日本の児童手当に相当するものがあります。0～17歳までのすべての子どもに支給され、子どもの出生順位によって支給額が異なります。

- 第1子　毎月94・88ユーロ（約1万5470円）
- 第2子　毎月104・84ユーロ（約1万7090円）
- 第3子　毎月133・79ユーロ（約2万1810円）
- ひとり親加算：子ども1人につき63・30ユーロ（約1万320円）

日本では、乳幼児を家庭で養育していても、児童手当以外の経済的支援は特にありませんが、フィンランドでは、「在宅保育手当」という制度があります。子どもが3歳未満で、家で保育している場合には、子ども一人あたり月額362・61ユーロ（約5万9110円）受給できるというものです。育児休業を取得し、在宅で子育てしていても支給されます。

また、フィンランドでは1973（昭和48）年に保育園法ができ、すべての子どもたちに保育施設を用意することが自治体の義務になりました。1996（平成8）年には法改正が行われ、母親の就労有無にかかわらず誰もが保育園に入れるという主体的権利が子どもに与えられました。これによって自治体は保育場所を24時間確保する責任があり、夜間保育や特別支援が必要な子どもにも、安くて良質なサービスを提供することが義務づけられています。

4 日本での取り組み——ネウボラのまねごと

日本においても、児童虐待事件のたびに連携ミスや家庭環境の把握不足、担当者の引き継ぎ不備など、行政対応のまずさが発覚するケースが後を絶ちません。そんな中、専属の担当者が家族全体をケアする「ネウボラ」の制度をさまざまなかたちで取り入れる動きが広がっています。2018（平成30）年には「日本版ネウボラ」といわれる「子育て世代地域包括支援センター」がスタートしましたが、早くも2024（令和6）年には「こども家庭センター」という施設に改組されました。児童福祉を担う市区町村子ども家庭総合支援拠点と、母子保健を担う子育て世代地域包括支援センターを一体化させたしくみに生まれ変わりました。

日本の各地方自治体でも、フィンランドのネウボラを参考に独自のネウボラを実施しています。東京都では世田谷区（世田谷版ネウボラ）をはじめ、渋谷区（渋谷区子育てネウボラ）、文京区（文京区版ネウボラ事業）、板橋区（いたばし版ネウボラ事業）、そのほかの都道府県でも埼玉県和光市（わこう版ネウボラ）、広島県全域（ひろしまネウボラ）など、さまざまな自治体で「ネウボラ」の冠をつけた取り組みが進められています。どこもフィンランドのネウボラの名前をつけていますが、はたしてその実態はいかがなものでしょうか。

一例として世田谷区のホームページをみてみましょう。

区では、「子どもを生み育てやすいまち」をめざし、フィンランドの取組みを参考に、妊産婦や子育て家庭に寄り添いながら切れ目なく支援するために「世田谷版ネウボラ」を実施しています。

「世田谷版ネウボラ」とは、妊娠期から就学前までの子育て家庭を切れ目なく支えるための、区・医療・地域が連携して相談支援する、顔の見えるネットワーク体制です。

（中略）

総合支所に配置する「ネウボラ・チーム」が、妊娠中のすべての方を対象に、妊娠中や出産後の心配事や支援に関する面接「ネウボラ面接（妊娠期面接・産後面接）」を行います。妊娠届を他の区市町村で提出された後に、世田谷区に転入された妊娠中の方も対象となります。妊娠期面接を受けた方には、地域の産前・産後サービスが利用できるせたがや子育て利用券（額面1万円分）をお渡しします。（中略）

ネウボラ・チームの構成
- 地区担当の保健師
- 母子保健コーディネーター（助産師、保健師、看護師）
- 子ども家庭支援センター子育て応援相談員（社会福祉士、保育士等）
- 地域子育て支援コーディネーター

（世田谷区 2025）

これをみてまず、親の立場で一番戸惑うのは、自分の担当が誰だかわからないことでしょう。ネウボラ・チームはたくさんの専門職で構成されていますが、親や家族メンバーの困りごとに長期間にわたって伴走してくれるネウボラ保健師の存在がみえません。起きる問題の種類によって、相談窓口や担当者が変わってしまうのではないでしょうか。これでは安心した信頼関係を築くのは難しそうです。

また、世田谷区の産前産後の「ネウボラ面談」は妊娠中や産後の方とされ、その対象は母親を想定しているように見てとれます。フィンランドでは母子だけでなく、父親やきょうだいを含め、家族全員がネウボラ保健師と面談し、子育て家族全体の健康状態と幸福度を把握することを目的としていることも異なっています。

そして、最も大きな違いは、そこに理念があるかどうかということでしょう。

フィンランドのネウボラでは、男女平等な家族支援、利用家族との継続した対話による信頼関係の構築、親とネウボラ保健師との対等な関係性、子どもを育てる社会の役割の理解が大切な理念とされています。しかし、２０２４年に日本に新たに設置されたこども家庭センターのガイドラインでは、「虐待への予防的な対応から子育てに困難を抱える家庭まで、ポピュレーションアプローチとハイリスクアプローチを両輪として、切れ目なく、漏れなく対応することを目的としている」と書かれてはいるものの、残念ながら理念が具体的にはみえてきません。虐待予防や子育て困難に限定した子育て支援だとすれば、親たちは喜んでそのサポートを受けることはしないでしょう。

最後に改めて、ネウボラから学び、日本にシステムに取り入れるべき基本的事項を提案すると、以下の４点になります。

①すべての子どもとその家庭を対象とすること
②母子支援ではなく、家族メンバーすべてを支援の対象にすること
③どんな問題であれ、まずはその家族の固有の担当者が引き受けること
④妊娠期から長期間にわたって切れ目なく家族固有の担当者がかかわること

そして最も重要なのは、支援者や社会のもつ子ども観や家族観を問い直し、点検し、議論しつづけることだと思います。第４節で詳しく論じますが、私たち支援者は母親や父親を、「**親**

役割」を果たすべき存在というまなざしでジャッジしていないでしょうか。子どもを育てる家族メンバーそれぞれに仕事や原家族との関係、一市民としての役割などさまざまな立場があります。支援する相手を「親」としてだけではなく、「一人の人間」として尊重することも大切です。実際に筆者の研究仲間がフィンランドに視察に行き、ネウボラサービスを受けている母親にインタビューをしたときの語りを紹介します。

ある母親は、「ネウボラ保健師さんには厚い信頼があり、タイムリーに子どもや家族それぞれの悩みにも的確な助言をくれて助かっています。それだからこそ、大きな問題もなくここまで安定した子育てが家族全員でできています。それでも……、私という一人の人間がどんなことが好きで、何に興味があるのかということには、これまで、一度も関心を寄せてもらったことはなくて、それがなんとなく寂しいというか……」と話されたそうです。世界的トップモデルというネウボラの子育て支援システムにおいても、まだ課題はあるのかもしれません。子育てを支援するという枠組みの中では、親という存在をどのように位置づけるかは難題です。

また、私たちの社会が子どもや子育てに対してどのような価値観をもっているかにも目を向ける必要があります。「子育ての最終的責任は親にある」と考えるのか、フィンランドのように「社会の子ども」として子育てを捉えるかによって、支援のあり方は全く異なるでしょう。その議論を抜きにして、スタイルだけ、形だけの「ネウボラ」を取り入れてみても、それは魂のない空虚な実践にしかならないはずです。

2　子どもの養育者の多様性——動物学・文化人類学におけるアロマザリング研究

第2章でアロペアレンティングの考え方を紹介しました。改めて確認すると、父親、母親だけでなくそれ以外に祖父母、近隣、きょうだい、おじ・おば、友人など、子育てに多くの人々がかかわる共同養育は子どもにとっても、親にとっても多くのメリットがあります。アロペアレンティングのメリットには、子どもにとっては、気持ちのコントロールなどに関わる思考や想像力をつかさどる前頭前野の発達が優れること、親にとっては精神的安定が高まることがあるということが明らかになったのは、脳科学の発展による恩恵だと思います。この節では、動物学や文化人類学の研究で明らかになってきた「アロマザリング」という考え方から、現代の子育てを照射してみましょう。

「アロペアレンティング」と「アロマザリング」という言葉の違いから説明しましょう。文化人類学や動物学では、母親によるケア（マターナルケア）を哺乳類の子育ての原点として、母親以外の養育に対してはアロマザリングという用語が用いられてきました（根ヶ山 2021）。脳科学では、アロペアレンティングを父親・母親という両親以外の子どもへのケアとして研究を進めています。そのため、アロマザリングとしての養育者には父親が含まれることになります。ひょっとしたら脳科学では、アロマザリングとして研究を進めると、子どもの養育責任は母親にあるという前提に無自覚であるといったジェンダーの観点からの批判を回避しようとしたのかもしれません。

1 アロマザリングとしての父親

改めて言うまでもなく、人間は、非常に未熟なままで出生し、子どもが成熟するまでには養育に長い時間を要します。それにもかかわらず、出産間隔が短く多くの子どもを育てるので、親にとっては他の類人猿に比べて子育ての負荷が格段に大きい状況です。そのため子どもの養育を母親ひとりにゆだねるのではなく、他者が協力をして子育てを行うという性質が自然と発達してきたものだと考えられています。先行研究の多くには、世界のほとんどのエリアで程度の差はあれ、アロマザリングが行われているのは一般的であるようです。それでは、アロマザリングとしての父親がどの程度、子育てにかかわっているかという研究をみてみましょう。

子どもへの直接的ケアを誰が担っているかについて、世界各地における文献資料をもとに整理したデータによれば、母親がおおむね46・5％（32・2～53％に分布）であるのに対し、**父親は4・8％（1以下～15・8％に分布）**という非常に少ない結果となっています。母親と父親を合わせても50％余りであり、残りの50％のケアはきょうだいや祖母、その他非血縁者の関与があったということです（Kramer, 2010）。ここからわかることは、世界的にみても母親だけが養育を行っているのではなく、両親以外のアロペアレンティングでの子育ても行われていますが、父親のかかわりは少ないということです。

父親の直接的ケアが乏しい理由を検討してみると、母親は妊娠や哺乳という身体機能と結びついていますが、父親の身体にはそのような機能が備わっていません。また、父親には直接的なケアではなく母子を防衛したり、食物を獲得したりという、女性よりも頑強な身体を用いた攻撃系の間接的な要素があると考えられています。子育てという点においては、身体機能から考えれば父親と母親では非対称であり、父親は、**生物学的ハンディキャップを負っていると考えられます。**

生殖の機能から考えてみても、精子と卵子の数は異なり、その数の特徴からすれば特定の子どもを守り育てるよりも、**多くの子どもを作ることの方が繁殖戦略として選ばれやすいことが**指摘されています。一夫多妻制という結婚制度が、現代においても数多く残存している事実は、生物学的にみれば納得がいくものでしょう。とすれば父親は育児役割を進んで担おうとはせず、母親ほど熱心に子どもにかかわらないということが、文化人類学の知見として一般的な傾向であるとされるのも理解できます。乳幼児期の母親や母方の祖母の存在が子どもの生存に有意に関連があるのとは対照的に、父親の存在は子どもの生存にあまり影響しないという報告すらあります。

しかし、だからといって、現代の日本において子育てを父親が担わなくてよいわけではありません。それでも、ただ声高に「男女平等」「父親と母親で家事も育児も半分ずつ」と叫ぶだけでは、解決しないどころか、かえって分断を生むのではないでしょうか。男性も女性もそれぞれの「身体性」からスタートする考え方も、時には必要かと思います。

2 父親以外のアロマザリング

前節でみたように、子どもへの直接的ケアは父親・母親以外のアロペアレンティングが半数近くを占めているというデータがありました。それでは、どんな立場の人が子どもの養育にかかわっているのでしょうか。先のデータでは祖母が9・3％（1・2～14・3％に分布）、きょうだいが22・8％（1・1～33％に分布）と、血縁者が担っていました。その他に分類される非血縁者は、18・4％（9～29・8％に分布）いました。ここからも、子どもは母親だけでなく、取り巻く多様な人々によってケアを受けていることがわかります。子どもは他者と関係を構築するポジティブな志向性を生まれつき備えているのかもしれません。

祖母のアロマザリングに関しては、「おばあちゃん仮説」というものがあります。チンパンジーなど大半の霊長類には死ぬ直前まで繁殖能力があります。かつての人類にもそのような時代がありましたが、現代の人間は長寿になり、日本人の女性の場合、50歳前後で繁殖能力が止まった（閉経した）後、平均85歳過ぎまで生きつづけられる長寿となりました。人間の子どもの養育期間は他の動物に比べて長く、母親が続けて出産すれば育児が大きな負担になることはこれまでも述べてきました。そのため祖母が子育てを支援することで、親の負担が軽減し、母親は短い間隔でも次の出産ができるようになります。また祖母にとっても、孫を育てることによって生きがいをもつ、役割を担うという自分自身の適応度を上げることにつながっています。きょうだいのアロマザリングも、先のデータでは22・8％あることが示されていましたが、現在の日本の少子化状況に鑑みれば、大きな機能を果たしているとはいえない状況でしょう。重ねて「ヤングケアラー」という考え方が広く認識されるようになり、子どもに年下のきょうだいの世話をさせることが歓迎されない状況になってきたともいえます。

非血縁者については、社会状況の変化によってインフォーマルな関係からフォーマルなネットワークに組み入れられてきたといえるでしょう。インフォーマルなものとして文化人類学者が紹介するのは沖縄県の多良間島《たらまじま》の「守姉《もりあね》」という伝承型のアロマザリングです。守姉は非血縁者もしくは遠縁の少女によるアロマザリングであり、地域のネットワークを拡大する役割ももっています。守姉をする少女はベビーシッターと似ているようにみえますが、手当などはなく、時おり守子の親から贈り物をもらうという関係です。守姉をする少女はそれを誇りとし、10歳前後にひとたび守姉になると関係は一生涯続き、守子にとっては特別な存在となります。それがまた守姉は守子の家に出入りして両家の家族同士は親しく行き来するようになります。それが地域のネットワークを強化していくことにもつながっているようです。しかし近年では、10歳前後の少女には守姉になるよりも学業に打ち込み、サークル・クラブ活動に入って運動などに励むことへの社会的な期待が強くなり、守姉は衰退の方向にあります。それに代わり、フォーマルな制度としての保育所や幼稚園の利用が増加しているという状況にあるでしょう。

子どものもつかわいらしさは大人たちを惹きつけますし、子ども自身もそれをキャッチし反応する力を身につけています。フォーマルな契約に基づくアロマザリングに依存するだけでなく、子どもの存在それ自体がコミュニティにおけるネットワークの要になる可能性を忘れたくはありません。余談になりますが、地域コミュニティには先行世代、現役世代、そして次世代を結びつけられる機能が期待されています。こうした世代継承的な営みの中で「命」や「つながり」という感覚が醸成されるのではないでしょうか（一瀬・佐久間 2020）。

3　子育てはチームで――愛着のネットワーク

母子だけでなく、家族メンバーすべてを支える理念のネウボラ、文化人類学からみたアロマザリングをみてきましたが、ここまでくれば子どもを育てる営みは、親だけでなく、血縁者だけでなく、非血縁者を含んだ多様な人々で行うことが自然であることを理解していただけたと思います。そして第2章で解説した脳科学の知見によれば、アロペアレンティング（共同養育）は親への支援でなく、子どもの感情コントロールなどにも寄与していることがわかってきています。これを前提にすれば「子育てはチーム」でやることをアピールしない手はありません。2009（平成21）年頃から筆者は、保育所研修や幼稚園・小中学校の研究会の講義の中で「子育てはチームで」と科学的知見をもとに熱弁していました。
ところがなんと、その十数年後に、東京ガスのＣＭでも同じメッセージを伝えていたのです。２０２２（令和４）年2月に登場したＣＭ「子育てのプレイボール」篇では、共働き夫婦が、初めての「子育て」に戸惑いながらも、家族以外の同僚、街中で一緒になったさまざまな人にも支えられながら奮闘する姿を、野球の試合に見立てて描いています。東京ガスのホームページを見ると「『#子育てをチームプレイに』というハッシュタグをつけ、本ＣＭや子育て関連のサービスについても紹介していきます」「本ＣＭは、『子育て』をテーマに共生社会の実現や社会全体での助け合いの大切さを伝えるとともに、東京ガスグループも社会の一員として寄り添い、『支え合う毎日を、支えたい』という想いを込めて制作しました」とありました。民間大企業が多額を要するテレビＣＭで上記のような理念を伝えることは画期的なことだと思います。

特定の一人の他者ではなく、複数の愛着対象と子どもが結ばれ、ネットワークを形成することが、現代日本における子育てのあり方、モデルとなるでしょう。「子育て罰」と議論される社会の中で、父親や母親だけに愛着対象を求めることは非常に難しく、限界があります。現代の親は「コスパ・合理的・スピード」の空気感の中で育ってきたということを理解し、チーム子育てを当たり前としていきたいと思います。筆者自身も血縁者のアロペアレンティングはもちろんのこと、非血縁者のどこの、どの子どもの子育てチームメンバーに参加できるか画策していきたいと思います。子育てチームからメンバーとして「戦力外通告」を受けない自分自身でいられるように、絶えずブラッシュアップを忘れずに。

4　支援者の考える「望ましさ」とは

これまで論じてきたように、子育てをめぐる新しい考え方が提示されてきていますが、保育士や子育て支援者の考える親への役割規範の強さには根深いものがあると思います。筆者がコンサルテーションやフィールドワークでかかわる保育士や地域子育て拠点の支援者の方の発言に驚かされることもしばしばあります。

たとえば2月の真冬の寒さの中、首もすわっていない生後1か月の乳児を連れて子育て支援センターに母親が訪れたというエピソードを話すなかで「あんな寒い日に新生児を連れてくるなんて、いまどきのママは何もわかっていないね。風邪を引かせちゃいけないから、早く帰りなさいと玄関で送り返しましたよ」と対応したこと。２歳過ぎに男の子のママに対して「子育てサロンに来たとしても、自分の子どもの安全管理や他の子どもに迷惑をかけないことは、親の責任でやってください」とはっきり言わないと、子どもを親がきちんと見ないんですといった報告。心の中で私は、「こんな支援者のいる子育て支援センターには行きたくないな」と思います。子どもとの暮らしの中で切羽詰《せっぱつ》まった思いがあって、消え入りそうな勇気を振り絞って、子どもを着替えさせ、母親自身もさっとお化粧して、着替えて、おむつや着替え、水分などの荷物を準備して、ようやく出かけてきたのに、これでは傷つけられて、徒労感だけが残ります。

加えて発達に課題のある子どもや障害の疑いがある子どもの母親からは、「子育て支援センターに行ったときに、なんとなく、来てもらうと迷惑な感じがあって……。後に療育センターで相談することになって……。それを伝えたら、やっぱりね、よかったねという態度をされて、なんか悔しい」という話を聞きます。保育所の巡回相談では、多くの保育士が異口同音に「なぜ、親なのに自分の子どもの障害に気づこうとしないのでしょう。子どものために親は自分自身のつらい気持ちを乗り越えて、子どもの障害特性を学びに専門機関に早く行けばいいのに」と話されます。定型発達の子どもの親に対するものとは異なる「親役割」を求めていることを感じます。

なぜこんなに、子育てしている親、特に母親に、親としての責任を強く求めるのでしょうか。その理由の一端は、第2章でみてきたように新自由主義の社会においては、結婚・子育ては私事化の領域となり自己決定のもとでの行為とされるため、自己責任が強く押しかかっているということにあるのでしょう。しかし、保育士や子育て支援に携わる人々はそれとは異なるベクトルをもっているかもしれないという期待もあって、筆者は2023（令和5）年に大規模研究調査を行いました。その一部から、子育て支援者の親役割に対する考え方を紹介します（一瀬 2025）。

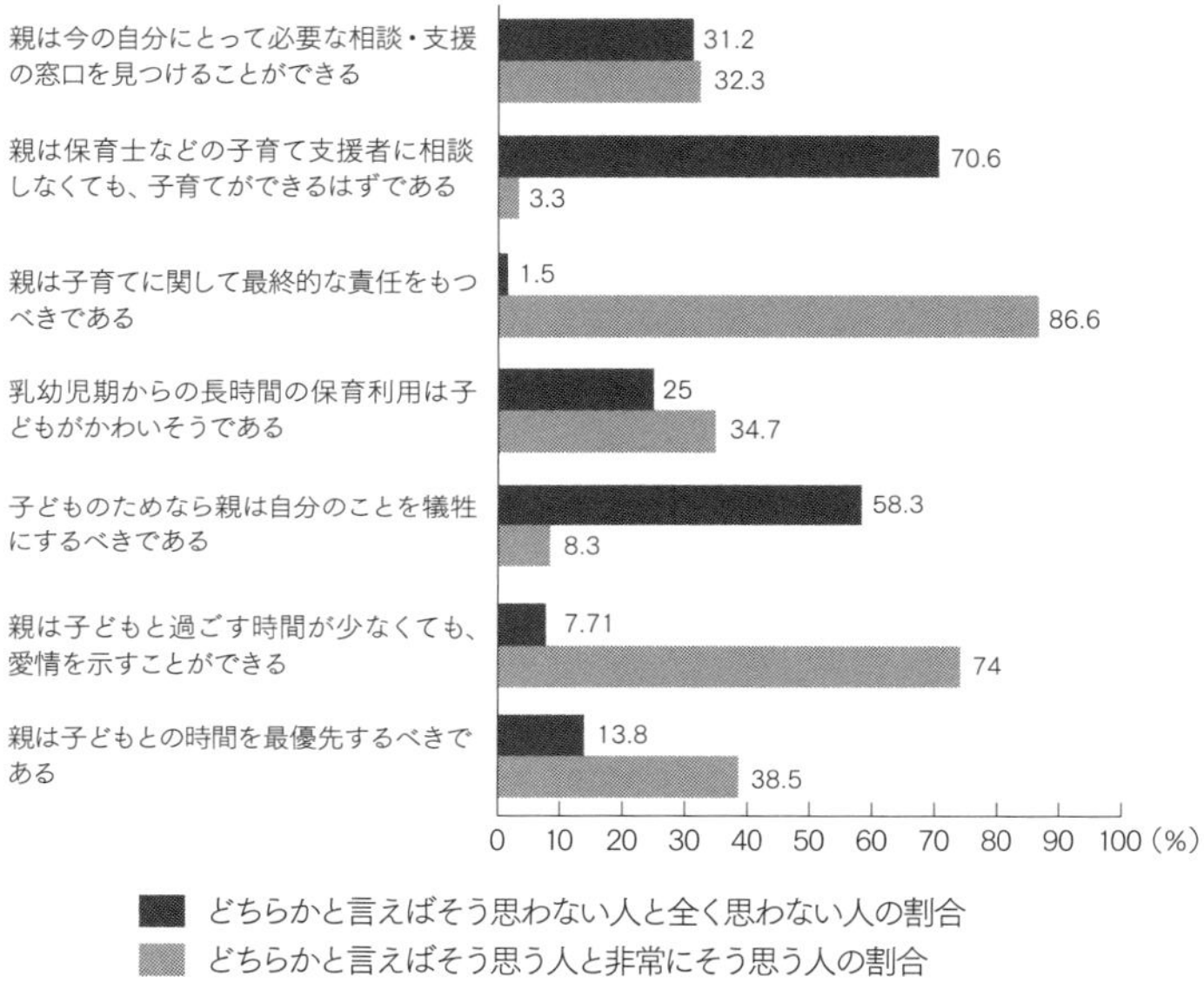

図 4-1　親役割規範

1 子育ての親役割と子育ての社会化

調査では、子育て支援者の子育てに関する親役割の規範や子育ての社会化の考え方を明らかにするために、保育士や地域子育て支援拠点事業などの子育て支援にかかわる人々を対象に質問紙調査を行いました。回収された1051名のデータを分析した結果について説明をします。

図4-1では親役割についての規範の回答結果を示しています。「親は子育てに関して最終的な責任をもつべきである」という考えには、86・6%と多くの支援者が同意していました。「親は子どもと過ごす時間が少なくても、愛情を示すこと

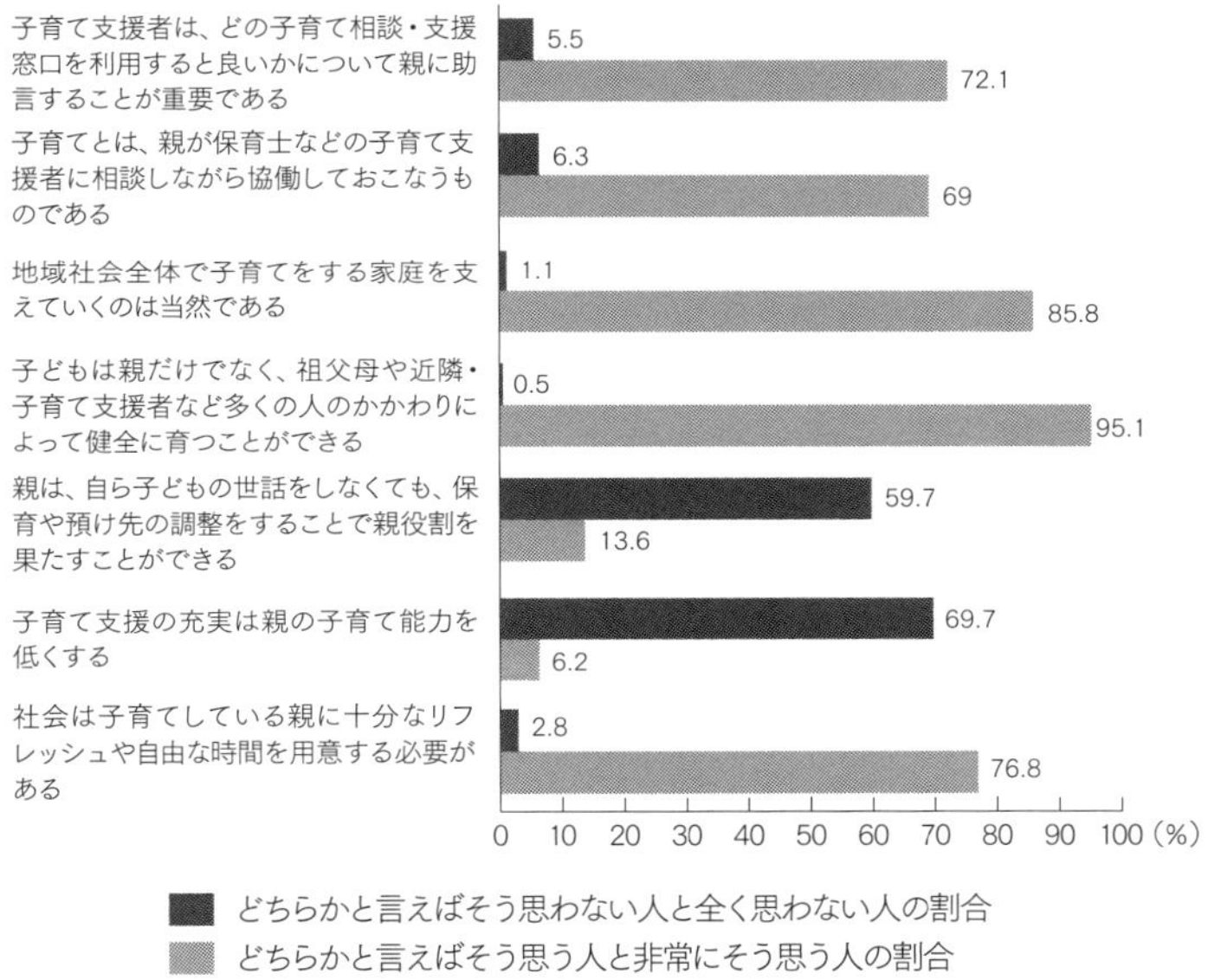

図 4-2　子育ての社会化

ができる」を74％が支持している反面、「親は子どもとの時間を最優先するべきである」を38・5％が支持し、アンビバレントな様態を示しています。このように、２０２３年の最新のデータにおいても、子育て支援者には子育ての責任は親にあるという考え方がおおむね支持されているという実態がみえてきました。

親役割と対照的な、子育ては社会全体で担うべきであるという「子育ての社会化」についても調査しています。その結果は図４‐２のとおりです。ここでは、子育ての社会化という考え方にはおおむね同意する結果となっています。「子どもは親だけでなく、祖父母や近隣・子育て支

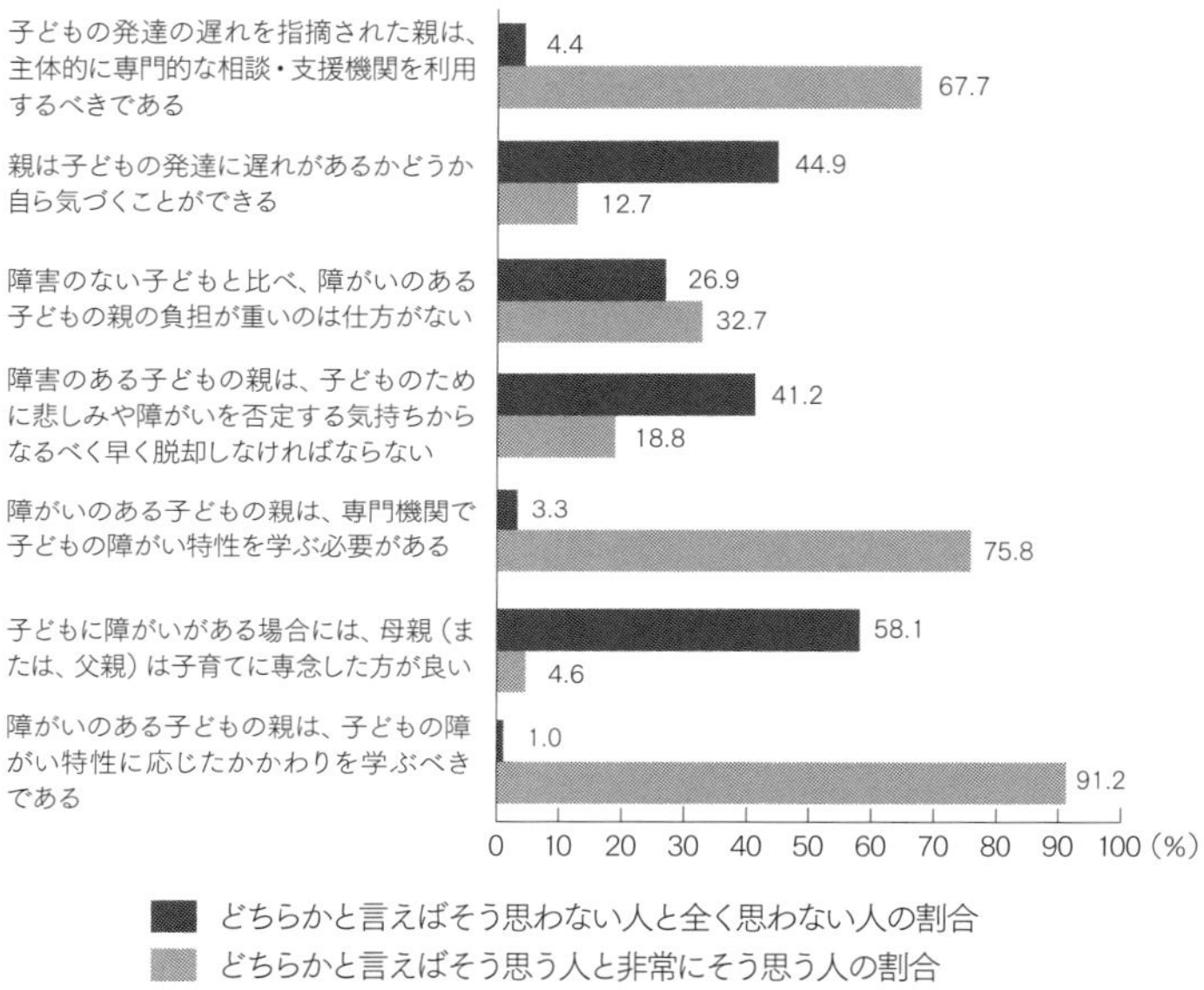

図 4-3　障害児の親役割規範

援者など多くの人のかかわりによって健全に育つことができる」が95・1%、「地域社会全体で子育てをする家庭を支えていくのは当然である」を85・8%が支持していました。一方で子育ての最終責任は親であるという考えを、多くの子育て支援者は支持しており、二重の規範が共存していることが明らかとなりました。

2 障害のある子どもの親役割と子育ての社会化

次に、障害のある子どもに対する特別な親役割への考え方について、図４-３で調査結果を示します。

「障がいのある子どもの親は、子どもの障がい特性に応じたかかわ

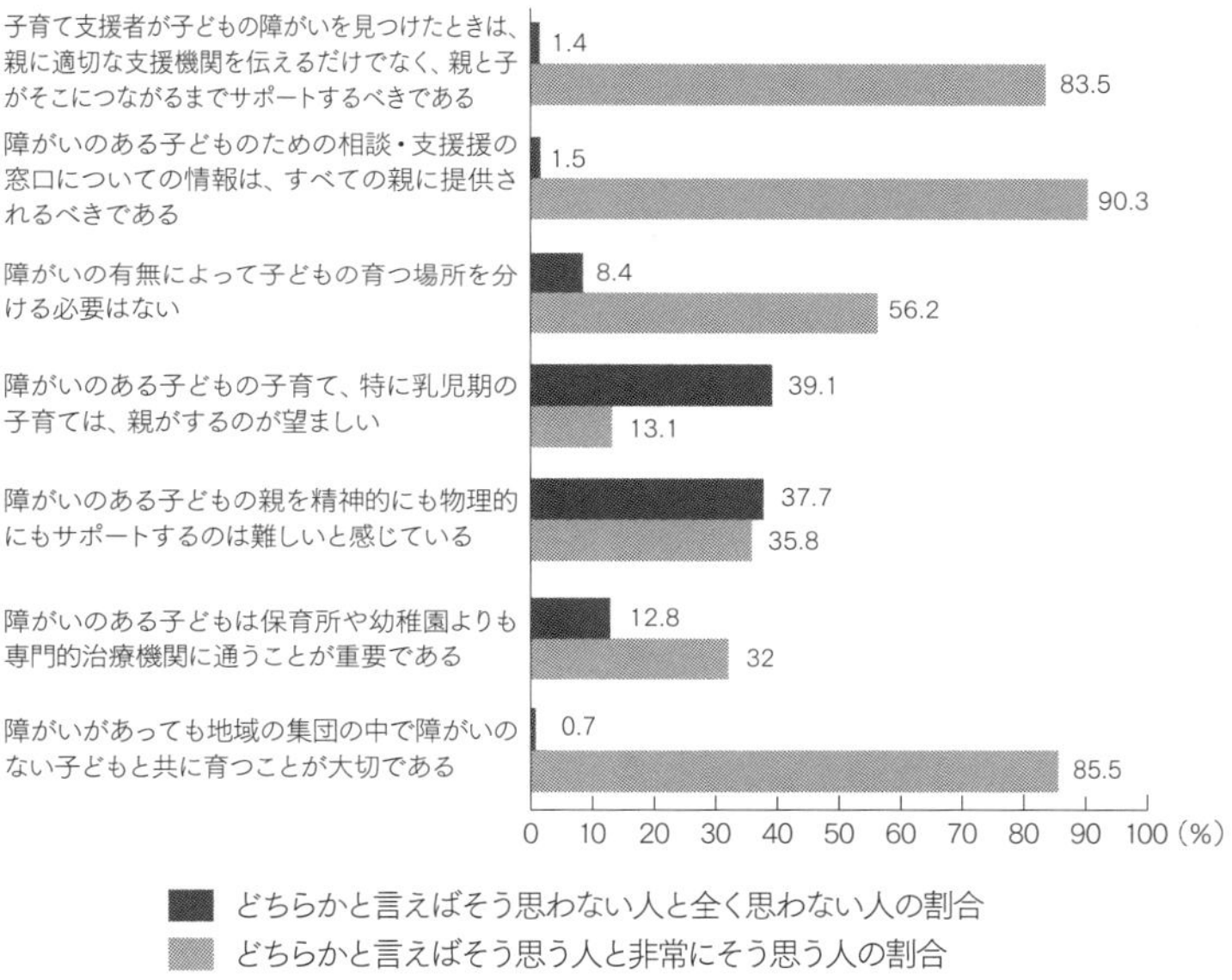

図 4-4　障害児とその子育ての社会化

りを学ぶべきである」は91・2%、「障がいのある子どもの親は、専門機関で子どもの障がい特性を学ぶ必要がある」は75・8%、「子どもの発達の遅れを指摘された親は、主体的に専門的な相談・支援機関を利用するべきである」は67・7%と、高い値で支持されていました。障害のある子どもの親は専門機関で相談し、子どもの障害特性を学びそれに応じたかかわりをするべきであるという、親への役割期待があることが強くありました。これは後の第6章でふれますが、障害のある子どもの親は子どもの障害特性を正しく理解し、準専門家として子どもに対応できる「共同療育者」になるべきであるという規範を、子育て支援者は強くもっていることが明らかになりました。

一方、図４‐４で示すように、障害のある子どもの子育ての社会化についても、定型発達の子どもと異なる考え方があるかを確認しています。「障がいがあっても地域の集団の中で障がいのない子どもと共に育つことが大切である」を85・５％「障がいの有無によって子どもの育つ場所を分ける必要はない」を56・２％が支持し、インクルーシブが進んだようにもみえます。しかし、図４‐３でみたように、共同療育者役割の学びのために専門療育機関に行くことへの高い支持を勘案すると、ここでも親役割と子育ての社会化という二重化の様相が見てとれます。保育者や子育て支援者にもアンビバレントな葛藤があることが推測されます。

5　日本の政策言説の矛盾

前節でみた子育てをしている親への親役割と子育ての社会化という規範の二重化状況について、マクロの次元である政策との関連で考えてみましょう。

1　子育ての社会化

１９９０（平成２）年の１・57ショックを契機として「子育ての社会化」という考え方が示

されるようになっていきました。1993（平成5）年の「子どもの未来21プラン研究会報告」においては「家庭と社会のパートナーシップのもとで子育てを行っていく」と明示されます。そして2005（平成17）年には初めて「子育ての社会化」という言葉を用いて、『国民生活白書』の中で「子育てが家族の責任だけで行われるのでなく、社会全体にとって『子育ての社会化』が重要である」と提言されました。さらには、2015（平成27）年に導入された「子ども・子育て支援新制度」の基本方針で、「すべての子どもへ良質な成育環境を保障し、子どもと子育て家庭を社会全体で支える」と普遍主義的な理念が掲げられています。それを具現化するために、2015年に子ども・子育て支援法が創設され、子育てに関するさまざまな支援事業が整備されました。2023（令和5）年にはこども家庭庁が新たに設立され、子ども・子育て支援法で規定された制度やサービスを含めたこども施策を総合的に推進することとなりました。2023年にはこども基本法が施行され、子どもとその家庭の支援が制度上においては充実してきたことが見てとれます。このような経緯をみると、政策言説の中に、しっかりと確実に「子育ての社会化」を定着させようという動きがあると考えられるでしょう。

2 保護者の第一義的責任

しかし、それとは異なる理念の法改正も行われています。1947（昭和22）年に制定された児童福祉法においては、児童育成の責任について「国および地方公共団体は、児童の保護者とともに、児童を心身ともに健やかに育成する責任を負う」とされていました。育成責任を負う主体は国と地方公共団体でした。ところが、２０１６（平成28）年の児童福祉法の改正（改悪?）では、同法制定以降初めての理念規定の変更がなされました。「児童の保護者は、児童を心身ともに健やかに育成することに第一義的責任を負う」と、児童の育成責任の主体について国や地方公共団体から、保護者が第一義的責任を負うことへと明確に変更されたのです。これは、改正前の児童福祉法には全くふれられていない考え方であり、この改正（改悪?）により子育てに関する親の責任を強化する方向に舵を切られていると考えられます（藤間 ２０２０）。２０２３年に新設されたこども基本法でその基本理念を明示した第3条においても、「こどもの養育については、家庭を基本として行われ、父母その他の保護者が第一義的責任を有するとの認識の下、これらの者に対してこどもの養育に関し十分な支援を行うとともに（以下略）」と明記されました。

図４‐５で示したように、社会的な政策言説にみられる子育ての社会化と親の第一義的責任というダブルスタンダードが、子育て支援者のもつ二重化する規範に影響を与えていると推察できるでしょう。さらに言えば、その支援者の二重化の規範が親の葛藤を引き起こすという、多次元的な構造があることも示唆されます。

この令和の時代の子育てにおいても母親が子どもを預けることに罪悪感をもつということはよくあります。このような葛藤を少しでも軽減させるためには、支援者のもつ規範的な論理をフィンランドのネウボラを参照枠に考えはじめる必要があるでしょう。繰り返しになりますが、マクロ－メゾ－ミクロは循環しつづけています。

話を少し広げると、序章でふれたように、マクロという社会構造の変化に応じて、メゾレベルの地域も変容し、マクロの個人の子育てのありようも変化を遂げています。それらの変化に合わせて調整や軌道修正が求められるのです。この３つの次元が関連づけられて循環されないと、大きな問題が噴出します。子育てという観点からみれば、それがまさに、いまだ解決策がみえない「少子化」という社会課題でしょう。

都市化・核家族化といった社会構造の変化でインフォーマルなアロマザリングは確実に減少し、それに代わってフォーマルな契約に基づく保育所や地域子育て拠点は激増しました。しかし、子どもを産み育てる人は増えません。第３章でふれた言説をみると、「男女が結婚し、子どもを産み育てて添い遂げるという、愛と性と生殖の３点が結婚によって一体化される」や「母親は子どもを愛して当然だ、また子どもにとって母親の愛情に勝るものはない」という

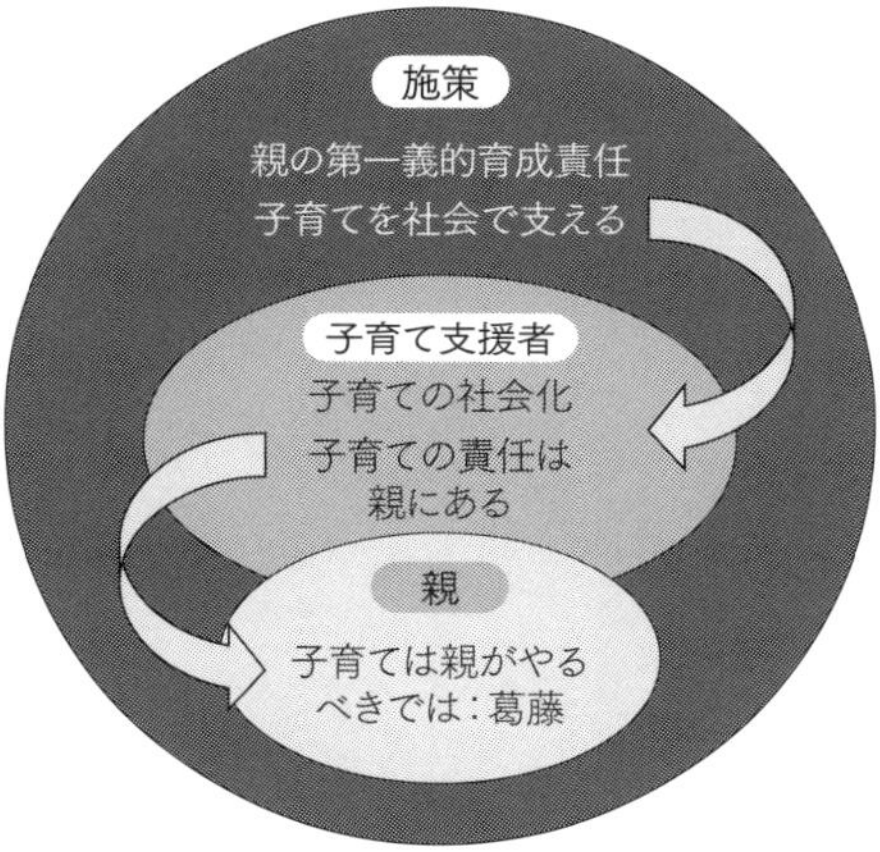

図 4-5　子育て規範の二重化の循環

考え方が、個人の結婚や出産という人生選択を窮屈《きゅうくつ》にしているとはいえないでしょうか。この循環のどこからメスを入れれば解決するのか、正解は誰ももってはいないでしょう。それでも、この本を読んでいる子育てにかかわるあなたが、この３つの循環に気づき、自分自身の子育て規範を点検することで、何かが動き出すかもしれません。

［引用・参考文献］

一瀬早百合（２０２５）「二重化する子育て支援者の親役割規範――子育ての社会化をめぐって」『和光大学現代人間学部紀要』第18巻（印刷中）

一瀬早百合・佐久間美穂（２０２０）「現代社会の危機感とコミュニティ――内藤辰美論文からの示唆」『社会福祉』第60巻、93－１０４頁

木脇奈智子（２０１７）「フィンランド・ネウボラの理念と現状――ハメーリンナのネウボラナース養成校の現地調査から」『藤女子大学ＱＯＬ研究所紀要』第12巻1号、５－12頁

世田谷区（２０２５）「世田谷版ネウボラ（妊娠期から就学前までの切れ目のない支援）」（https://www.city.setagaya.lg.jp/02413/1187.html）

根ヶ山光一（２０２１）『「子育て」のとらわれを超える――発達行動学的「ほどほど親子」論』新曜社

フィンランド大使館（Finland Abroad website）「フィンランドの子育て支援」https://finlandabroad.fi/web/jpn/ja-finnish-childcare-system

藤間公太（２０２０）「教育政策、福祉政策における家族主義」『教育社会学研究』第１０６巻、35－54頁

Kramer, K. L. (2010) Cooperative breeding and its significance to the demographic success of humans. *Annual Review of Anthropology*, 39, pp. 417-436.

第5章
愛着とは何か

2024（令和6）年5月にNHKスペシャル「アタッチメント〝生きづらさ〟に悩むあなたへ」が放映され、アタッチメントという言葉が広く知られるようになりました。保育や小児医療等の乳幼児期にかかわる専門職にとっては当然の知識ではありましたが、改めて「アタッチメント」の重要性を認識させるムーブメントになったように感じます。NHKのホームページには、アタッチメントについて以下のように紹介されています。

食欲や睡眠欲と同じように、生まれながらに人間に備わっている本能的な欲求だ。人はみな「不安や恐怖を感じた時に誰かにくっつくことで、安心しようとする」。幼少期にこの「安心感」が満たされることが、子どもの健やかな発達や、大人になってからも人間関係や心身の健康に影響を与えることが分かってきた。アタッチメントを正しく知れば、よりよい人間関係を築くヒントが見えてくる。（ＮＨＫ２０２４）

アタッチメントは愛着と訳されることが多いですが、「アタッチメント」という言葉をそのまま使用する人もいます。本章では、愛着とアタッチメントは便宜上、同義語として扱っていくことにします。

1　アタッチメントとは

1 アタッチメントの定義

アタッチメントの概念を提唱したのは精神科医のボウルビィです。動物行動学者のローレンツらの研究による、鳥類のヒナが初めて目にした「動くもの」について後追いをする、なつきの現象を原型に構築したものです。ボウルビィが最初に示した定義は、「危機的状況に際して、個体が特定の他の個体へ近接することによって安全の感覚を回復・維持しようとするバイアス（性向）」です。これは人間がもともと持って生まれた生得的なものだとしています。

アタッチメントに関してもう一つの重要な概念を提示したのは、動物行動学者のハーロウによるアカゲザルの実験です。それまでは仔《こ》が母親に接近してなつくのは、母乳という栄養獲得のためと考えられていましたが、肌への接触やスキンシップの欲求が動因となっていたことが明らかとなりました。ハーロウによる定義は「栄養への欲求など特定の動因と結びついたものではなく、身体的に『くっつくこと』それ自体への理屈抜きの強い希求」です。何かを獲得するためにではなく、くっつきたいからくっつくというものです。

これらを土台に人間のアタッチメントについても多くの研究がなされました。人間以外の動物、鳥類もアカゲザルも、生後まもなくであっても仔から親にくっつくことができますが、人間の赤ちゃんは、その力をもっていません。養育者から子どもに近寄り、くっつく必要があります。ボウルビィは、アタッチメントの定義を単に「個体が特定の他の個体へ近接すること」へと修正し、アタッチメントは子ども期だけではなく、生涯にわたって存在するものだとしています。親（成人）のアタッチメントも理屈抜きに、くっつきたいからくっつくという、もともと持って生まれた生得的な性向といえるでしょう。ボウルビィの著作は日本でも翻訳され『母子関係の理論』や『母と子のアタッチメント――心の安全基地』というタイトルで出版されています。しかし邦訳タイトルは誤訳であり、アタッチメントとは母子関係に限定された理論ではないという指摘もなされています。繰り返しになりますが、アタッチメントは狭く子ども期限定の考え方ではなく、加えて特定の個体を母親に限定していないことに留意してほしいと思います。

2 大人のアタッチメント

アタッチメントは生涯続くものとされているのであれば、子ども以外の特定の個体への接近についても考える必要があります。

フロイトは、大人のアタッチメントが必然的に起こるのは「生殖」のときと考えました。種の保存のためには近接し、生殖行為をする必要があります。その原動力として「性愛」が動因となるメカニズムを解説しました。しかし性愛は必ずしも生殖に結びつくわけではなく、LGBTQsや閉経後のセックスもあるでしょう。フロイトは、性愛の本質は生殖行為への希求ではなく、身体の触れ合いや交わりがもたらす感覚的な歓びと充足感にあるとしました。そして、これは乳幼児期にまで遡るものとされ、乳幼児期に見出されたアタッチメントは、成人期まで続くとされました。

みなさんは「くっつきたいからくっつく」という生まれもった感覚を実感することはあるでしょうか。日本と異なる文化では、日常的な挨拶にもハグや頬を寄せるというスキンシップが組み込まれていますが、そこには必然性があるとも考えられますね。

余談になりますが、上野千鶴子が対談で述べた「今の10代の若い女の子たちで、男とセックスしている子たちがセックスは楽しくないと言いながらもセックスをやらせてあげる」というような状況や（上野・湯山 2012、傍点は原文による）、被虐待経験のある女性が不特定多数の相手に身体を開くのは、性行為に直接的な快楽ではなく、くっつきたいからくっつくという生得的なアタッチメントを求めるゆえの行為かもしれないかと想像します。それだけ、性欲を伴わない、ぎゅっとされたい、触れたいという情動は強く、深いものだと考えられます。

2　乳幼児期におけるアタッチメントの機能

この節では、人生の最も初期である乳幼児期に限定したアタッチメントの機能についてみていきます。アタッチメントには図５－１のように、未熟な乳幼児期には愛着対象という他者によって包含されるという機能があります。愛着対象は外界からの刺激から子どもを守り、子ども内部から生じる快・不快にも対応します。愛着対象は多くの場合、親を中心とした養育者が担っています。

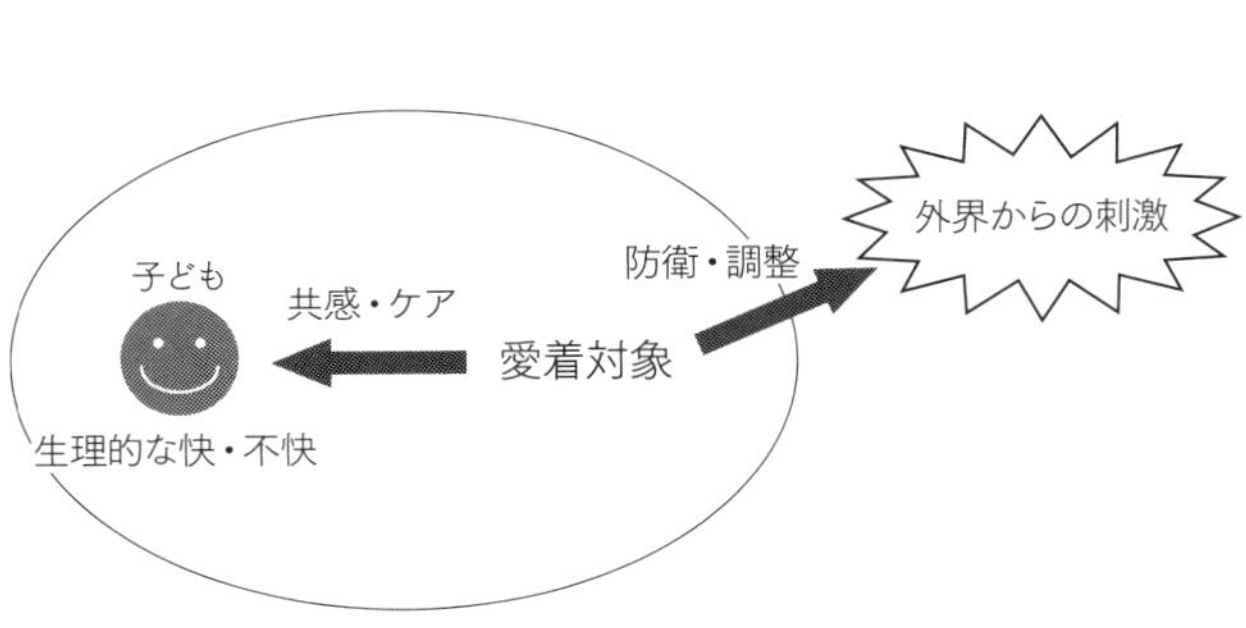

図 5-1　個体と愛着対象の機能

1　アタッチメントの機能

子どもの視点で捉えると、以下の５つの機能があります。

(1) 守られている

温度や湿度が適度に保たれ、おなかが空けば食物を与えられ、おむつが濡れて不快になれば交換してもらえるという環境の中で、乳幼児は安心感・安全感という感覚をもつことができ、**外界を安全と認識**することができます。一方、この機能が十分でない場合には、子どもは**外の世界を恐怖**に満ちていると認識することになります。

(2) 能力を補ってくれる

乳幼児は、自分自身だけで自分の欲求を成し遂げることができません。愛着対象は、子どもが欲しいものが高い所にあれば抱き上げて、手が届くようにサポートします。自転車の補助輪を外してしばらくは、後ろから支えたりもします。助力を得て達成することが重なることで、客観的には一人でできないとしても、子どもは自分は何でもできるという**万能感**に包まれます。一方、この機能が十分でない場合には、子どもは自分の欲求がかなうことがなく**無力感**を覚えることが多い状況になり、自信をもつことができません。

(3) 包含されている感覚

愛着対象に包まれている、愛着対象との間では多くのことが許容されるという感覚をもつことによって、愛着対象とそれ以外の人との関係を区別することができます。その結果、**自己の境界と収めるべき自己の範囲の獲得**ができ、この関係では感情をあらわにしてもよいが、あの関係では我慢をするという自己コントロールが可能になります。一方、アタッチメントの機能が十分でない場合には、**自己調節不全**となり、子どもはＴＰＯにふさわしくない感情表出をしたり、どこでも泣きわめく、あるいは全く感情を表に出さないという様相となります。

⑷ 同調する感覚

愛着対象からはたくさんの気持ちの共有や同感を受けます。転んで痛ければ「痛いね、びっくりしたね」と気持ちを受け止めてもらいながら、「いたいの、いたいの、飛んでけ〜」とさすってもらったりします。喜怒哀楽を共感してもらうことによって、他者への共感性は育まれていきます。一方、この機能が十分でない場合には、共感される心地よさを知らないために、他者への**共感性が欠如**することが多くなります。

⑸ ミラーリングを受ける

言葉が通じる前から、愛着対象から何万回と、「おしりがさっぱりして気持ちいいね」「おなかすいたね」「ワンワンがいて怖かったね」とさまざまな感情を代弁してもらい育っていきます。幼い時期の人間は、心の中に浮かぶさまざまな思いが快か不快かもわからないそうです。そのもやもやとしている感情について、愛着対象から鏡のように反射を受けつづけることで、自分で自分自身の気持ちを認識できるようになるといいます。その結果、「今、私は悲しい気持ちでいるんだ」などといった**感情の主体としての自己感の獲得**ができます。一方、この機能が十分でない場合には、なんだかむかむか、もやもやしているけどさっぱり自分自身の気持ちを把握できないといった**感情の認識障害**が起こります。

また、発達心理学では、アタッチメントとは、「一人の感情の崩れを二人の関係によって立て直す」ことと定義され、以下の４つの機能を挙げています。

①特定他者への近接を通した「安心感」の回復・維持
②保護してもらえることの確かな「見通し」
③「見通し」を支えられての自発的「探索」（冒険・挑戦）
④「一人でいられる能力」自立性の獲得・尊重

2 非認知能力の重要性

ルーマニアのチャウシェスク政権は１９６０年代から80年代にかけ、人口が増えると国力がつくとして、避妊と中絶を事実上禁止していました。その社会主義独裁政権が倒れたとき、政策に翻弄されて生まれた十数万人の孤児たちが国じゅうにあふれていました。劣悪な施設で育つ子どもたちを対象にした研究から、乳幼児期の養育環境が脳や行動の発達に及ぼす影響がみえてきています（ネルソンら ２０１８）。

乳幼児期のアタッチメントの剝奪《はくだつ》が心身全般に長期的ダメージを与え、中でも「自己と社会性」の発達に深い傷を残すことが明らかとなりました。自己と社会性の力は「非認知」の領域の中核となるものです。また、「認知」以上に「非認知」能力を促すことが生涯発達に影響を与えることも示され、「非認知」の重要性が見直されてきています。自己と社会性の力を具体的にみていきましょう。

⑴「自己」にかかわる心の性質――基盤としての自己信頼

自己信頼とは、自分を信じる力であり、他者からきちんと愛してもらえる価値が自分にはあるという信念でしょう。自分は無条件に受け容れてもらえる存在であると感じられることによって、自分を大切にし、適切にコントロールし、もっと高めようとする力が生まれてくるというものです。関連するキーワードは以下のとおりです。

- 自尊心／自己肯定感、自己理解、意欲／内発的動機付け、自己効力感、自制心／グリッド、自立心／自律性

⑵「社会性」にかかわる心の性質――基盤としての他者理解

他者理解とは、人を信じていいんだと思える信念です。頼れば助けてもらえると思うことができ、人とうまくやっていく力が養われます。集団の中に溶け込み、人との関係性を作り維持していくための力です。関連するキーワードは以下のとおりです。

- 心の理解能力、コミュニケーション力、共感性／思いやり、協調性／協同性、道徳性、規範意識

⑶両側面にかかわる「感情の制御・調節」

自己と社会性の両側面にかかわる、感情のコントロールや他者との調整ができる力です。関連するキーワードは以下のとおりです。

- 異時点間選択のジレンマ／自他間の選択のジレンマ、解決

「異時点間選択のジレンマ」は見慣れない言葉ですので解説すると、これは決定の時点で報酬（メリットもしくはデメリット）を受けるのか、時間的に離れている時点で報酬（メリットもしくはデメリット）を受けるのかという選択を迫られる意思決定に際して、葛藤を生じるがそれを解決できる力ということです。自己と他者との間にも、どちらが報酬（メリットもしくはデメリット）を受けることを選ぶのかで、葛藤が生じる場面がありますね。

(1)〜(3)は基本的信頼（ベーシックトラスト）といわれ、人生の一番最初に身につけておくべき心の土台と考えられています。この基本的信頼とは、エリクソンの提唱した概念です。愛着対象への人格的な信頼感を通し、自分がこの世に存在することを肯定的に捉え、人生には生きる意味や生存する価値があり、世界は信頼するに足るものだという感覚をもつことを意味します。基本的信頼はエリクソンが乳児期における発達課題としたもので、生きていて大丈夫だという信頼感や自己肯定感が、やがて自分が本当の自分であるという感覚（アイデンティティ）を養うとしています。そして、それを育むための揺籃《ようらん》（ゆりかご）としてのアタッチメントの重要性が主張されています。

最後に留意してほしいことがあります。ボウルビィのアタッチメントの定義が「母子関係の理論」と誤訳されたことの背景には「３歳児神話」の存在があると考えられます。このように、母親が愛着対象になるべきだという思い込みが日本には非常に強くあるのです。このアタッチメントの機能は親である養育者が担うことが多いのですが、アタッチメントは親だけで完結するものではありません。**家庭外の安定した大人との関係**が、「非認知」である自己と社会性の発達を保障することを忘れてはなりません。アロペアレンティングやアロマザリングを思い出してください。

3　愛着障害とは――子どもの状態の背景を考える

1 愛着障害の理解

この節では愛着障害の特徴を詳細に述べることはせず、基本的な考え方を確認していきます。なぜなら、「児童虐待を受けた子どもは愛着に問題があるため『試し行動』をすることがあり、これは愛着障害の一つの状態である」などの同じような言説が繰り返し語られ、再生産されているからです。子どもの「やらかす」言動を「試し行動」と決めつけるだけでは、何の解決策にもなりません。そう断定するだけにとどまります。それよりも、先に紹介した５つの乳幼児期の愛着機能が十分に果たされない場合の状態を推察し、子どもの養育環境を合わせて理解することが重要です。

また、別の視点での理由としては、愛着障害の状態像を列挙してみても、子ども理解に限界が生じるからです。たとえば、乳児期の愛着障害の状態像として以下の４点が挙げられていま す（愛甲 ２０１９）。

①抱っこを嫌がる（母子一体感の獲得不全）
②視線が合わない（親と融合した自己の獲得不全）
③人見知りがない（安心できる対象が特定できない）
④早すぎる自立（安全基地の構築不全）

この4つの特徴をみて、ある障害に似ていると感じませんか。自閉スペクトラム症（ASD）の特徴と、④を除けば全く同じです。ASDの場合は、対人・社会性の質的異常により①〜③が起こるとされています。とすれば、状態像だけをハウツー的に捉えたとしても、正しいアセスメントや対応方法がみえてこないというのがもう一つの理由です。

また、先ほど紹介したチャウシェスク政権下で生まれたルーマニアの孤児を長期的にフォローした研究によれば、その後温かい家庭で養育されても長期にわたって注意欠如多動症（ADHD）やASDのような症状を呈していることが報告されています。加えて最新の研究では、ASDの子どもには乳幼児期の段階において、くっつきたいからくっつくというアタッチメント行動が不十分であるということが明らかとなっています（牧之段・岸本 2019）。これからは、アタッチメントと発達障害の両軸でアセスメントを行い、子どもを正しく理解する必要があるでしょう。

❷ 愛着障害の診断基準の変更

愛着障害を理解する基本的な考え方として、診断分類の変更について紹介しましょう。精神疾患の診断に世界的に用いられる、アメリカ精神医学会の『精神疾患の診断・統計マニュアル（Diagnostic and Statistical Manual of Mental Disorders）』があります。その頭文字を略してＤＳＭと呼ばれ、日本でも精神疾患の診断に用いられています。１９５２（昭和27）年にＤＳＭの第１版が出版され、その後、改訂を重ねて、２０１３（平成25）年（日本語版は２０１４年）に第５版「ＤＳＭ－５」が出されています。

前置きが長くなりましたが、愛着障害はＤＳＭ－Ⅲ（１９８０年）に初めて「小児期および青年期の障害」として分類され登場しました。しかし、ＤＳＭ－５においては、「心的外傷およびストレス因関連障害」群に分類されることになりました。これにより愛着障害はＰＴＳＤと同じカテゴリーになったのです。

愛着障害が心的外傷であるという新しい考え方を支援者は正しく認識する必要があります。親から「虐待を受けたかわいそうな子ども」から、何らかの「心的外傷によりトラウマを抱える子ども」という理解に変わることになります。心的外傷が起こる要因は児童虐待だけではなく、人生のあちこちにトラウマになる出来事は待ち受けています。できる限り価値づけが染みついていないニュートラル概念を用いて、子どもと愛着対象を理解していくことが求められるでしょう。

愛着障害に関連して注目される指標として「逆境的小児期体験」があります。愛着障害と同一の概念ではありませんが、高い相関性があるといわれています。逆境的小児期体験は、精神的虐待、身体的虐待、性的虐待、感情的ネグレクト、身体的ネグレクト、アルコールや薬物依存の家族歴、実の父母との別離、母への暴力、家族の精神疾患、家族の服役の10項目で調査されるのが通例です。しかし近年では「子どもの安全・安定・絆の感覚をそこなう可能性のある環境の側面を含む」と広く定義する場合もあります（板倉 2023）。家族外の経験も含まれるようになり、いじめ被害やコミュニティにおける暴力被害やその暴露も含まれる流れへと広がっています。

逆境的小児期体験は、肥満、性感染症、糖尿病、脳出血、がんなどの身体的問題に加え、うつ病、アルコール依存症、違法薬物使用、自殺企図などを著しく増加させることがわかってきています。生涯にわたる影響がここからも見てとれますが、アタッチメントを理解する枠組みの一つとして逆境的小児期体験という視点を提案します。筆者のカウンセリング臨床においても、親との関係がトラウマになって、わが子に障害があるということに強い葛藤をもつケースがあります。また、親自身の小中学生時代のいじめ体験や高校時代のデートＤＶという逆境体験が、障害のある子どもの親であるという人生の意味づけに深い影を落としていることもあります。

4　愛着のネットワーク

❶ 母子アタッチメントから複数のネットワークへ

この章でみてきたアタッチメントは、みなさんがこれまで学んでこられた知識とはいくぶんか異なるものだったのではないかと想像します。以下でもさらに、これまでの「常識」を更新していきたいと思います。

アタッチメントは人生の土台となる基本的信頼をもつために重要であることはいうまでもありません。愛着対象との間に「愛着」関係が発達することは大切ですが、愛着対象は必ずしも母親としか形成できないものではありません。母親以外の者であることもありえますし、複数人であっても問題視すべきものではありません。むしろ、第1章でみたように「子育て罰」といわれる状況の中で、特定のひとりを愛着対象とすることには無理があります。図５‐２で示すように、複数の愛着対象がネットワークで子どもを包み込むという方法がふさわしいと思います。

図５‐２では、山田さんの子どもの愛着対象は同じ家庭の親だけではありません。社会福祉協議会で紹介された子育てサポーターが保育所のお迎えに行き、夕食を一緒に食べるというかかわりを通じて愛着対象になっています。加えて、近所に住む、子育てを終えた佐藤さん夫妻

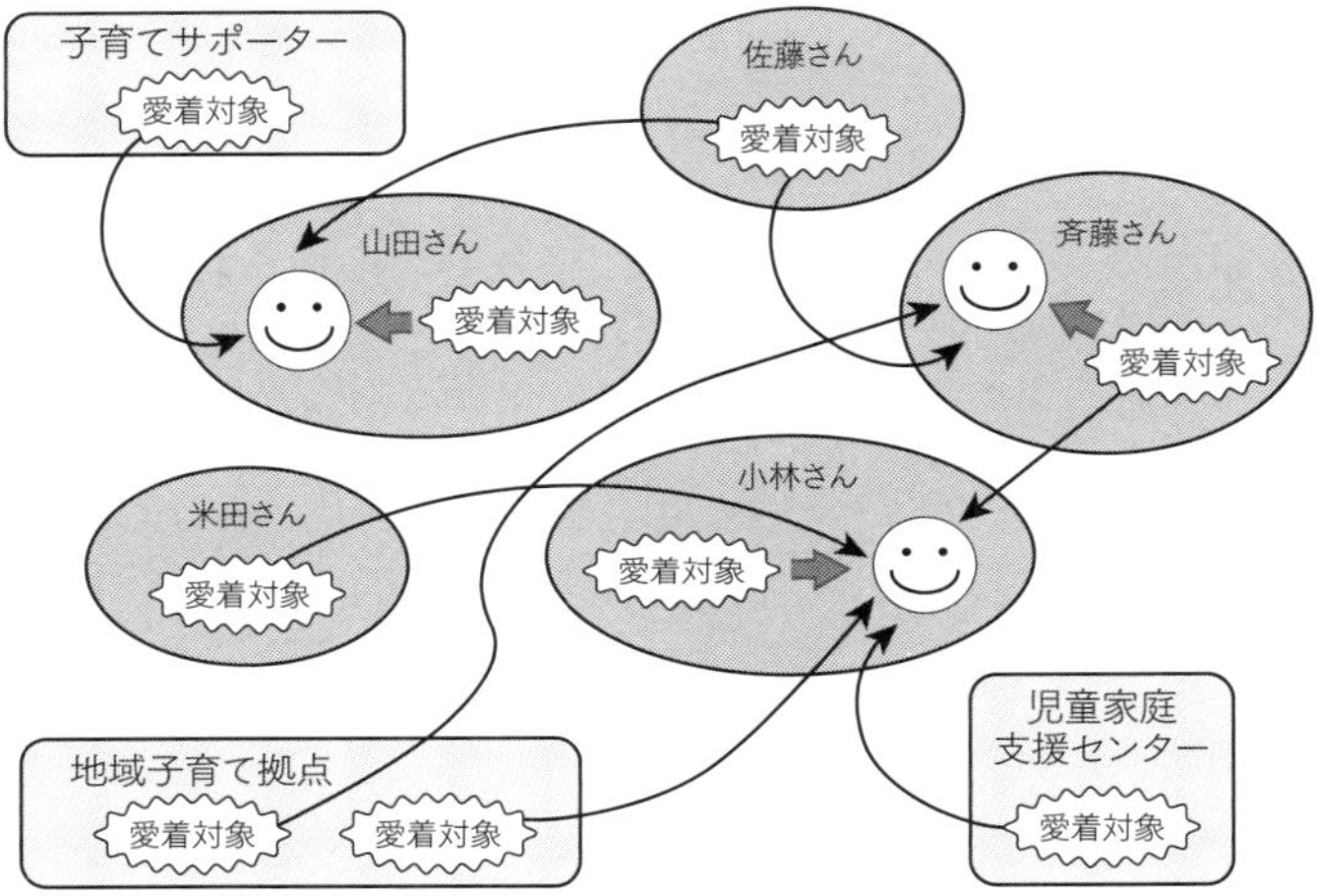

図 5-2　アタッチメントのネットワーク

が週末にハイキングや公園に連れ出してくれることを、子どもは楽しみにしており、それも愛着対象といえるでしょう。また斉藤さんには、幼児期の子どもがいますが、ママ友の小林さんが疲れてしまうときには小林さんの子どもを預かることもしばしばあります。小林さんの子どもは斉藤さんが大好きです。小林さんの体調不良が長引くときは、児童家庭支援センターに子どもが短期入所するという公的な支援とも、定期的・継続的であれば、愛着関係ができるかもしれません。

これまでの章で学んできたアロマザリングやアロペアレンティング、そして「子育てはチームで」のキャッチフレーズと同じように、アタッチメントについても考えるべきだと思います。乳幼児期だけでなく、多様な親密な他者との関係性が人の生涯発達を支えていくのです。

もう一度思い出しましょう。パリの子育てでは、実母が母乳を与えないケースが一定数ありますし、アフリカのアロマザリングでは子どもの出生時期が近い母親同士が乳児期の子どもを預かり合い、互いに自分の子ども以外にも母乳を与え合うというやり方があります。少し油断すると、今の日本に染みついた血縁主義的な家族観や、近代家族のプライベート領域であるというイデオロギーがふつふつと再燃してきてしまいます。そんな頭を冷やすためにもう一度、世界の子育てについて紹介しましょう。

ボクにはパパとママと、水曜日のパパがいます。

世界にはどんな家族のかたちがあるのだろう？　馬場先生、教えてください。


パプアニューギニアの子どもには、パパと呼べる複数の大人がいます。ここは実の父親だけでなく、特定の男性親族がパパになれる社会なのです。たとえば、水曜日にふらっと遊びにきた子どもをそのまま泊めてあげるのはよくあること。複数のパパが共同で学費を援助したりもします。

またスウェーデンでは、母親の再婚相手を〝**ボーナスパパ**〟と呼び、別れた実の父親もボーナスパパも積極的に子育てに参加しています。

子どもの成長を見守ってくれる人がたくさんいるという意味では、どちらの社会も同じです。

文化が変われば、家族のあり方も変わる。

これが正解というものはありませんし、人間が幸せに生きていくために、家族のかたちは人それぞれであっていいでしょう。

世界の多様性は、私たちにそのことを教えてくれています。

（馬場 2015、強調は筆者による）

2 親にもアタッチメントネットワークを

精神科医のボウルビィは1984（昭和59）年に「愛着の理論」を提唱しました。日本では「母子関係の理論」と誤訳され、アタッチメントといえば残念ながら「母－子」というセットで考えることが主流であるのが現実でしょう。ボウルビィは、子どもにとってのアタッチメントの重要性だけを論じていたのではなく、母親にとっても多くのサポートが必要であること、社会環境や社会的言説までをも射程に入れた主張をしています。

母親のサポートについて、ボウルビィは訴えます。

「子どもたちが生存のため親を必要としているのと同じくらい、親も、特に母親は、家族やより大きな社会を生存のために必要としている。もし社会が子どもたちを大切に思うなら、社会はまず親たちを大切にしなければならない」

「子どもには、母親または母親代理の人と、親密で安定した関係をもつことが重要である。その関係は、子どもだけでなく母親にとっても楽しくて満足できるようなものであるべきだ」（黒田研究室ＨＰ）

ボウルビィは社会のありようについても批判的に述べています。

> 親であることを引き受けることは、大きな賭けである（略）
> 乳幼児の世話をするのは、24時間、年中無休の仕事であり、気を揉むことが多い。
> 子ども達に時間を割き、気を配ることで、ほかの事に興味を持ったり、ほかの事をしたりすることを犠牲にしなければならない。（略）
> （略）
> 子育てという仕事が首尾よくなされ、主たる養育者が疲れ果ててしまわないためには、その養育者には相当の協力が必要である。（略）
> 世界のほとんどの社会ではこの事実を当然のことと考えられ、それを前提に社会が構成されてきたし、現在もそうである。
> 逆説的なことに、世界の中でもっとも裕福な社会で、この基本的な事実が無視される

ようになってきたのである。物質的な物の生産に貢献する人々の力は、男の力でも女の力でも、あらゆる経済的な指標で、プラスと考えられている。

幸福で、健康で、自律した子どもを自分たちの家庭で育てることに貢献する人々の力は、男の力でも女の力でも、まったく顧みられていない。

私たちは本末転倒した社会を作り上げてしまったのである。

（黒田 2018）


また、実親が育てられない子どもに対する社会的養護の一つである里親においても、里親自身をさまざまなアタッチメントのネットワークの中に位置づけることが重要であるとされています。里子の愛着対象を里親だけに担わせるのではなく、さまざまな人物からなるネットワークの中で、複数の養育関係を同時に形成しながら育つという考え方が提示されています。2023（令和5）年には里親支援センターが創設され、さまざまな機関やサービスで重層的に里親自身を支えるしくみができています。里親である養育者がチーム意識をもって自らの養育を「ひらき」、外部の支援者と「つながる」体制が提言され、「チーム養育」が進められています（林 2024）。さらに、養育者の休息であるレスパイトケアを、子どもに我慢を強いるのではなく、子ども自身の発達促進やアタッチメント形成を促進するサービスとして捉えている点は画期的だといえるでしょう。

5　児童虐待を再考する

この節では、これまでの児童虐待事件をアタッチメントの視点から再解釈してみたいと思います。アタッチメントとは、「感情が崩れたときに特定の他者に近接し、安心感を得ること」であり、アタッチメントは生涯にわたって存在するものだと説明してきました。子ども期だけではなく、人生のどのライフステージにおいても悩みや不安はつきものです。その年代に応じた、「特定他者への近接を通した『安心感』の回復・維持」を行うことを通して、人は生き抜いているのではないでしょうか。あるいは、現実に近接や触れ合いがなくても、自分が相談したりＳＯＳを出したりすれば「応じてもらえることの確かな『見通し』」というものをもつことによって安心感を覚え、どうにかやり過ごすこともあるかと思います。児童虐待をする親には、十分なアタッチメントがあったのでしょうか。

「児童虐待は世代間連鎖する」「児童虐待をする親のパーソナリティは未熟である」といわれます。ある一面から見れば、あるいは統計上からみても、それは事実であることは否定できないでしょう。しかしここでは、アタッチメント理論をもとに以下の２つの視点から考え、新たなアタッチメントの提案をしてみたいと思います。

1 子どもの愛着対象は親一人だけではない

児童虐待の要因は、①子どもの要因、②親の要因、③養育環境（地域・ソーシャルサポート）の3つとされています。養育環境に着目すると、周囲からのサポートがなく「孤立」や「閉じこもり」の状況で不適切な養育が始まるとされています。アタッチメント理論からすれば、特定の他者や愛着対象を複数のネットワークで担うことが重要ですが、児童虐待が起こる状況ではそこが全く不十分であったことがわかります。

2010（平成22）年に、3歳と1歳の姉弟が23歳のシングルマザーの母親に50日間放置され、変わり果てた姿で発見された「大阪2児置き去り事件」が起こりました。この事件の詳細をみてみると、母親はたった一人で2人の子どもの愛着対象を担っていたことがよくわかります。ルポライターの杉山春が紹介している著書から取り上げます。

この母親は、離婚後、名古屋のキャバクラで働きながら子育てをしたが、子どもは思いがけず熱を出す。なかなか思うように稼げなかった。自分自身が新型インフルエンザにかかったと思った時、元夫や自分の父親に助けを求めたが、急に子どもは預かれないと断られた。息子の1歳の誕生日には、夫側からも、誰からも連絡がなかった。地域の古くからの家の長男の大事な一人息子なのに、である。このことについて母親は「私たちのことはなかったことにしたいのかと思いました」と法廷で述べている。

（杉山 2017）

その後、母親は恋人を作り、男性に頼ることで生き延びようとします。公的機関には、子どもを預けたいと一度だけ連絡をしていますが、支援につながることはありませんでした。

この事件からわかることは、亡くなった2人の子どもには母親以外の愛着対象が皆無であったということです。母親は元夫（子どもの父親）や自分の父親、そして公的機関に、きっと勇気を振り絞って助けを求めたと想像されます。にもかかわらず、誰も応じてくれなかったことは、孤立感をさらに深めたことでしょう。繰り返しになりますが、ボウルビィは「母親は、家族やより大きな社会を生存のために必要としている」と述べています。この事件は、家族も社会もサポートしてくれなかったがゆえに起きた悲劇です。

杉山がこの母親の取材をしたときのエピソードを紹介します（杉山 2017）。大阪拘置所に訪ねた際に杉山が「なぜ、私に会ってくれたのですか」と尋ねると、母親は「子どもたちにお菓子を供えてくださったから」と答えます。杉山は取材の申し込みの際、子どもの仏前にお菓子のお供えをしたことを手紙で伝えていました。そのときの仕草は、子どものために礼を言う若い母親そのものだったということです。子どもが亡くなった後も、わが子の愛着対象であることを続けていたのかもしれません。この悲惨な出来事は、たった一人で愛着対象のすべての役割を果たさなければならないと思い詰めた結果であるとも考えられます。

2 親自身のアタッチメント

次に、成人である親の現在のアタッチメントについて考えてみたいと思います。先ほど述べたように大人になってもアタッチメントは、人生を生き抜くために重要な役割を果たしています。「大阪2児置き去り事件」の母親には、事件が起きる前の状況において、アタッチメントが全く存在していなかったことがうかがえます。また、時にわが子や子どもの愛着対象（保育者など）が親のアタッチメントの対象になることもありますが、全くの孤立状況におかれたこの母親にはそれすら難しい状況だったでしょう。

児童虐待をする親は幼少期に自身も虐待を受けているというデータもありますが、それを示すだけでは問題の解決を導くことはできません。ここでまた、脳科学の知見を紹介したいと思います。

「氏より育ち」といわれますが、行動の直接因は現在の「脳」であり、氏も育ちも、行動の直接因にはなりえないことがわかっています。そして脳は環境とリアルタイムに相互作用し、変化しつづけます。遺伝や昔の環境は変えられませんが、今の脳と今の環境はかなり変えることができます。とすれば行動は、自分や周りの支援で変えられるということになります。支援には公的な専門職やサービスもありますが、アタッチメントから考えればインフォーマルな多くの資源が存在します。

3 アタッチメントの多様性

たとえば、1週間に数回行くスーパーマーケットやコンビニエンスストアの顔見知りの店員と言葉を交わすことも、アタッチメントだと考えられます。行きつけのカフェや居酒屋があれば、よりパーソナルな関係を築くことができるでしょう。職場の場合は、利害関係があるのでアタッチメント関係を作るのは難しいかもしれませんが、同期入社の同僚などの場合はプライベートな付き合いに発展し、アタッチメント関係になることがあるかもしれません。

児童虐待の中でも一番重篤な、死亡に至る事例は、引っ越しをして1か月以内に起こることが非常に多いと報告されています。おそらく引っ越したばかりでは、「おはようございます」「今日は暑いですね」という挨拶程度のコミュニケーションもない孤立状況、言い換えれば針の穴のように細い、小さなアタッチメント対象すらなかったことが要因になっていると想像できます。

アタッチメントの対象を「親友」「恋人」「配偶者」など、誰もが思い浮かべるような非常に重要な存在だけに限定する考え方はやめにしましょうか。図５-３にあるように、もっと多様でグラデーション（濃淡）があってもよいはずです。親・養育者自身のアタッチメントも子どもの愛着対象と同様に、複数の関係やネットワークで保障されると考えます。誰もが誰かの愛着対象であり、お互いが相互作用から得るものが必ずあるはずです。

筆者の体験談ですが、仕事で失敗をして落ち込んでいたときに、たまたま喪服をクリーニン

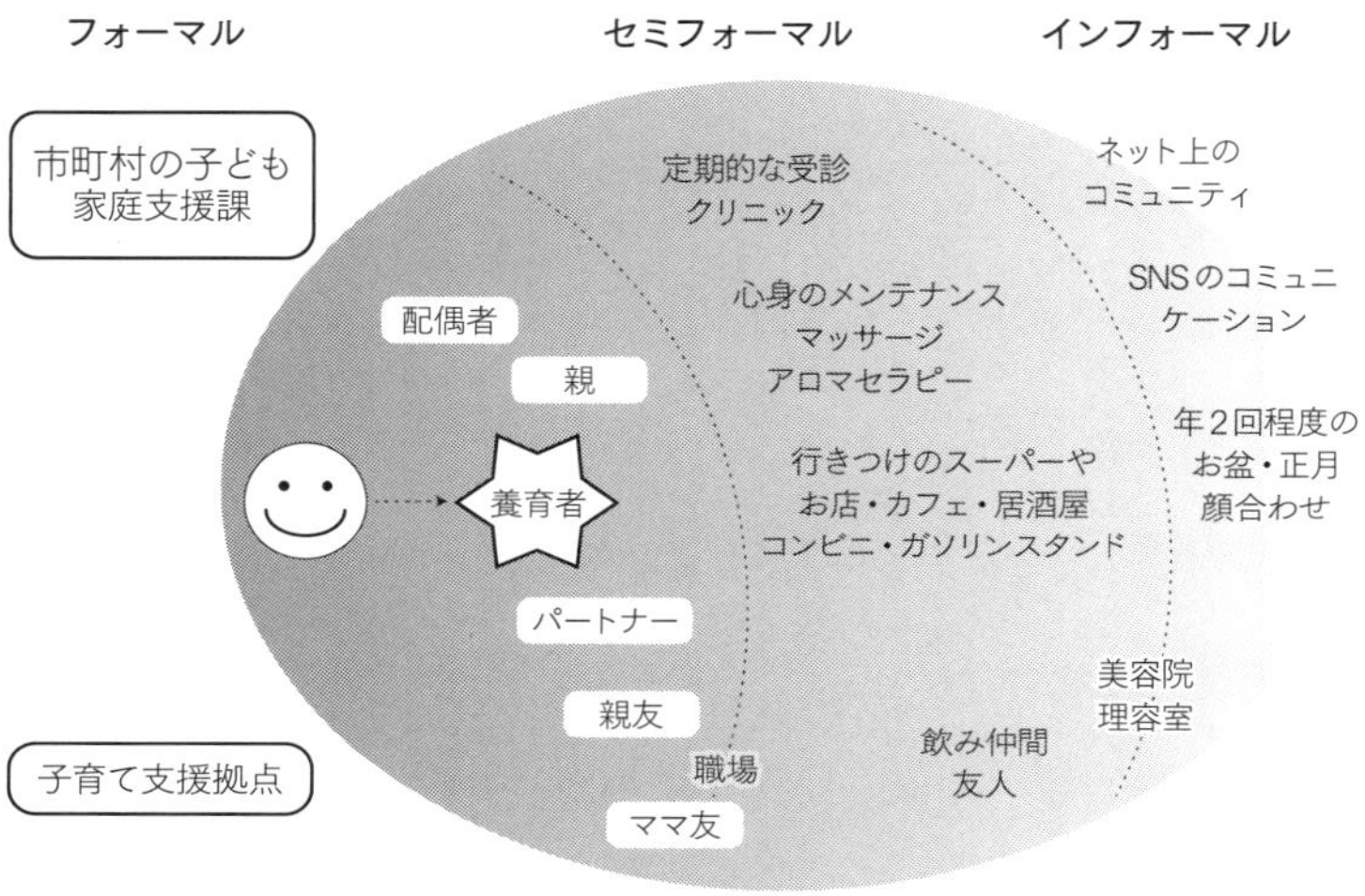

図 5-3　養育者のアタッチメントのグラデーション

グに出す必要がありました。いつものクリーニング店に行き、他にお客さんがいなかったため、馴染《なじ》みの店員さんと夕食の献立について長々とおしゃべりをしました。帰途につきながら、なんだかもやもやしていた気持ちが、すっかりと晴れていることに気がつきました。「一人の感情の崩れを二人の関係によって立て直す」のがアタッチメントですから、筆者にとってクリーニング店の店員は十分に愛着対象だということになります。それに気づいてからクリーニング店に行くのが楽しみとなり、混んでいる時間帯を避けて行くようになりました。

悩みを打ち明ける人がいないと嘆くことはありません。「親友」「恋人」「配偶者」などの濃厚で少ないアタッチメント対象がある人もいれば、細くてたくさんのアタッチメント関係がある人もいます。図５‐３で示したように、インフォーマルであれば、お盆と新年の年2回だけ会う親戚、インターネット上でのコミュニティやSNSでのフォローメッセージなどもアタッチメント対象になります。セミフォーマルなものとしては、定期的に受診する歯科医などの医療機関、行きつけのコンビニの店員や数か月に1回行く美容院の担当美容師（個人経営の店ならいつも同じ担当）、飲み仲間や学生時代の友人などがあるでしょう。フォーマルなものでは、子育て中であれば地域子育て支援センターや保育所などの公的機関も、親自身のアタッチメントの機能を果たしてくれると思います。

本人を取り巻く社会的ネットワークを、護衛船団を意味するコンボイにたとえた「コンボイモデル*」（Kahn & Antonucci, 1980）と似ている考え方ですが、アタッチメントのグラデーションは当事者が決めるものであり、あらかじめ三重の円として枠組みを設定するこのモデルとは異なります。私たちは多様な濃淡のあるアタッチメント関係の中で生き延びているのです。

*コンボイモデルとは三重の円を作って周りを取り囲む人々によって、人は生涯守られていると仮定するモデルである。たとえばコンボイモデルの第一円は、配偶者や子どもという、役割と関係なく安定している親しい関係、第二円は、友人や親しい近隣の人、親戚など、社会的役割と関連するが変化の余地がある関係、第三円は、趣味仲間や職場同僚、介護ヘルパーや専門家など、社会生活における役割と関連し、役割の変化によって入れ替わりやすい関係であるとしている（Kahn & Antonucci, 1980）。

［引用・参考文献］

愛甲修子（２０１９）「愛着障害はどうしたら治せるのか?」『そだちの科学』33号、77－82頁

板倉憲政（２０２３）「小児期逆境体験に関する概観――親のＡＣＥｓが子育てに与える影響に焦点を当てて」『岐阜大学教育学部研究報告　人文科学』第71巻2号、１１５－１２３頁

上野千鶴子・湯山玲子（２０１２）『快楽上等！――３・11以降を生きる』幻冬舎

ＮＨＫ（２０２４）「アタッチメント〝生きづらさ〟に悩むあなたへ」（https://www.nhk.jp/p/special/ts/2NY2QQLPM3/episode/te/J9XVJKK7QV/）

黒田公美（２０１８）「養育者支援によって子どもの虐待を低減するシステムの構築」ＲＩＳＴＥＸ養育者支援プロジェクト成果報告シンポジウム資料

黒田研究室「親子関係の脳科学：子の親への愛着行動」東京科学大学 生命理工学院（https://kurodalab.net/research/detail/249　閲覧日２０２５年1月24日）

杉山春（２０１７）『児童虐待から考える――社会は家族に何を強いてきたか』朝日新書

チャールズ・Ａ・ネルソン、ネイサン・Ａ・フォックス、チャールズ・Ｈ・ジーナー（２０１８）『ルーマニアの遺棄された子どもたちの発達への影響と回復への取り組み――施設養育児への里親養育による早期介入研究（ＢＥＩＰ）からの警鐘』上鹿渡和宏ほか監訳、福村出版

馬場淳（２０１５）「ボクにはパパとママと、水曜日のパパがいます」（和光大学３分大学）https://www.wako.ac.jp/img/about/3minute-university/2015_09.pdf

林浩康（２０２４）『里親と特別養子縁組――制度と暮らし、家族のかたち』中公新書

牧之段学・岸本年史（２０１９）「精神科領域の愛着トピックス」『そだちの科学』33号、27－32頁

マイケル・ルイス、高橋惠子編（２００７）『愛着からソーシャル・ネットワークへ――発達心理学の新展開』高橋惠子監訳、新曜社

Kahn, R. L. & Antonucci, T. C. (1980) "Convoys over the Life Course: Attachment, Roles, and Social Support," In: Baltes, P. B., & Brim, O. G. eds., *Life Span Development and Behavior*, Vol. 3, Academic Press, 253-286.

第6章 障害のある子どもと家族

1 障害とは何か

はじめに「障害」とは何かを改めて考えてみたいと思います。「障害」と記載しましたが、この表記については「障碍」や、害という字が差別的であるという理由で「障がい」とひらがなで書かれているものを多く目にします。法律用語では「障害」という表記ですが、地方自治体の条例や相談窓口では「害」を用いないものも数多くあります。表記についてはさまざまな考え方がありますが、当事者本人が「害」を使用されると不快であると感じる場合には、当然その表記は使用するべきではありません。一方、一般的なことがらや状況を語る場合に、「障害」を用いることを、イコール「差別的である」と断定するのは少し乱暴な気がします。また「障がい」と害の字を用いないだけで、「私は差別をしていない」と無自覚にアピールしていたり、差別が現存することを隠蔽操作していたりするように感じることもあります。「障害は個性である」というメッセージにも、これとの類似性があるように思えてなりません。

前置きが長くなりましたが、まずは、法律や世界的スタンダードが示す「障害」の定義や考え方を押さえていきましょう。

1 障害者基本法・障害者差別解消法——社会的障壁を中心に

障害者基本法（2011〔平成23〕年改正）の第2条では、障害者（障害児を含む）の定義を「身体障害、知的障害、精神障害（発達障害を含む。）その他の心身の機能の障害（以下「障害」と総称する。）がある者であって、障害及び社会的障壁により継続的に日常生活又は社会生活に相当な制限を受ける状態にあるものをいう」としています。ここで注目しておくべきことは、障害がある者と社会的障壁がかけ合わさって「障害」となるという考え方です。障害がある者の存在だけでは障害の状態にはなりません。社会的障壁が存在するために制限を受ける状態を障害と定義しています。この法律では、社会的障壁の定義を「障害がある者にとって日常生活または社会生活を営む上で障壁となるような社会における事物、制度、慣行、観念その他一切のものをいう」としています。

２０１６（平成28）年に施行された障害者差別解消法では、行政や民間事業者に対して障害を理由とした不当な差別的な取り組みを禁止するとともに、障害者から社会的障壁の除去を求められた際には、合理的な配慮をするように努めることが定められました。

以下に、障害者への社会的障壁の例を示します。

事物の障壁――施設や設備などによる障壁

階段しかない、点字ブロックの上に停められた自転車、右手でしか使えないはさみなど

制度の障壁――ルールや条件などによる障壁

申込方法が来店のみ・電話のみなどの受付、障害者に同伴者を求めるサービス、墨字（印字された文字）のみの試験問題など

慣行の障壁――明文化されていないがマジョリティが従うしきたり、情報提供など

緊急時のアナウンスが音声のみ、注意喚起に赤色を使う、視覚でしかわからない署名・印鑑の慣習など

観念の障壁――無知、偏見、無関心など

「こうあるべきだ」「～できるはずがない」「障害者はかわいそう」などの思い込み

具体的な場面を通して考えてみましょう。

筆者の勤務大学での卒論発表会の実行委員会での一コマです。実行委員会は3年生の十数名が委員となり、昼休みに委員会を開き卒業年次生のために企画・運営するものです。この委員会の担当教員となった筆者は、授業ではないため特に配布プリントやスライドなども用意せずに、学生たちの自主運営をサポートしていました。ある回の終わりに話し合いのまとめの確認を筆者が口頭でしていたところ、ある学生が挙手をし、以下のように発言しました。

「先生が決まったことをペラペラとしゃべって伝えてくれるけど、何を言っているのかさっぱりわからない。私は発達障害なので、言葉だけで話されてもわからないので、Ｗｏｒｄ原稿にして委員全員にメール添付で送ってください。委員会の時もホワイトボードに板書してくれると、わかりやすいです」

他の学生も「そうだよね。何が決定事項として採用されたのか、場の雰囲気だけだと受け取る人によって理解や認識が違って、誤解が生じるかもね」と大賛成でした。

このとき、私自身が社会的障壁になっていました。「実行委員会だから、資料などを特別に準備する必要はないよね」という「慣行の障壁」に該当するでしょう。慌てて、「ごめんね。きちんと言ってくれてありがとう。各回の決定事項は書面にして送ることにしましょう。また、委員会の最中も書記を決めて板書しましょう」と、そこに参加するすべての人々がわかりやすいように変更することができました。

ソーシャルワークの視点から少し解説を加えると、これは、ミクロレベルのある一人の発言から、実行委員会の運営というメゾレベルでの変革が起きたということです。筆者の勤務する和光大学では、「異質力で輝く」という文化や伝統があります。これは障害の有無や国籍、性別にかかわりなく、学生も教職員も自分の考えにオリジナリティがあることが尊重されるということです。そのため和光大学では、障害の有無にかかわらず、学生は自由に意見表明をし、それを聞く学生も一つの意見として受け止め、自由に反応します。そして教員も大学運営もそれらに影響されていきます。

筆者のゼミの議論の中で、ある学生が「この大学に来て、障害者に対して『特別』という感じではなくて『普通』なんだと感じるようになった。それは、障害のある学生自身の成績が良いとか、自分よりも能力が高いということではなくて、かかわる健常者の学生や教員たちが全然気を遣わないで『普通』に接していたから。なんだ、『普通』なんだなって感じ」と発言していました。この素朴な感覚はミクロからマクロへの連続性を示していると思います。ある一人の振る舞いが他者を変え、その他者が増え、大学のキャンパスの空気を醸成するのだと考えます。

もう少し一般的にコミュニケーションという観点から考えてみると、聞こえが悪い人を「聴覚障害」としていますが、周囲の人々すべてが手話を身につけていれば、意思疎通に何ら問題はなく、障害の状態にはないということになります。手話は障害者基本法第３条で言語に含むとされ、いくつかの地方自治体の条例においては「言語」として位置づけられています。

障害は当事者本人と環境との相互作用的なものであると理解していただけたでしょうか。社会的障壁となる「観念」については、私たちのもつ障害者への偏見や差別などが彼らの生活に制限を与えていないかを改めて考える必要があると思います。

❷ 私たちに内在する障害者差別

２０１６年7月に起きた相模原障害者施設殺傷事件をご存じですか。津久井やまゆり園に入所していた障害のある人たちが次々と刃物で刺されて、19人が殺害され、職員を含む26人が重軽傷を負いました。この事件は宮沢りえ・磯村優斗の主演で『月』（２０２３年）という作品として映画化もされています。施設の元職員の植松聖死刑囚は逮捕直後から、「障害者は不幸しか作らない」とか「意思疎通できない障害者は殺そうと思った」などと、差別的な主張を繰り返しました。筆者はこの事件にふれたとき、非常に苦しい気持ちになりました。そして、それは今も続いています。この事件について考えることは、社会福祉学を専門に研究・教育している筆者であっても強い葛藤を伴い、ましてや語ることには大きな逡巡《しゅんじゅん》があります。なぜならそれは、自分自身も「当事者であること」を問われることにつながる作業であるからです。ここでいう当事者とは、植松死刑囚と地続きのところにいる者を意味し、自分もそうであろうという思いがこみあげてくるのです。

事件から6日後の２０１６年8月1日に、公益社団法人日本発達障害連盟は声明を発表しました。その一部を引用します。

> この人権無視の認識がどのように生まれ、この異常な行動に至ったのかを考えるとき、それは決して容疑者本人の中だけで芽生え醸成されたものではなく、どこにおいても誰の中にも生じうるものではないかと気づかされるのです。幼い時から様々な場面で一定の価値基準により序列化され、競争社会の中で、誰もが選別と排除の意識に囚われる危険性をはらんでいるのではないでしょうか。

個人のもつ障害者排除の認識が社会のもつ優生思想と深く結びつき、循環している恐ろしさを痛感します。また、第2章でみた、出生前診断により陽性と判断された人の94％が妊娠中絶を選んだという事実にも、この死刑囚のもっていた思想と地続きではないと断言できる人はいないでしょう。

先の和光大学の例でも、ミクロからメゾ・マクロへの循環がありました。みなさんにもぜひ、自分の中にある差別や排除の意識と向き合ってみてほしいと思います。その作業が、完璧でない人間を排除する恐ろしい社会にするのか、多様性を受け容れる誰もが暮らしやすい社会にするのかを決定することにつながります。

3 障害観の転換――国際障害分類から国際生活機能分類へ

(1) 国際障害分類（ＩＣＩＤＨモデル）

ＷＨＯ（世界保健機関）の障害分類は、国際的にも広く認知されています。ＷＨＯは１９８０（昭和55）年に「国際障害分類（ＩＣＩＤＨ：International Classification of Impairments, Disabilities and Handicaps）」を提示しました。その考え方は障害を機能障害・能力障害・社会的不利の３つのレベルに整理したものです。病気や変調により機能障害が生じ、それがもとで能力障害が発生し、その結果として社会的不利がもたらされるという考え方に基づいています（図６‐１）。その後、障害の有無にかかわらず、誰もが地域で暮らすことが当たり前の社会を目指す理念の「ノーマライゼーション」の普及や、障害を一方向で捉えることによって、社会的不利を本人の能力の問題に帰しているという批判が起こってきました。そういった情況におされて、社会的不利は環境との相互作用において決まるという観点を取り入れる考え方が広まってきました。そこでＷＨＯの障害分類は見直され、２００１（平成13）年に新たに「国際生活機能分類」として改訂されました。

(2) 国際生活機能分類（ＩＣＦモデル）

国際生活機能分類（ＩＣＦ：International Classification of Functioning, Disability and Health）は人間の生活機能と障害に関する状況を記述することを目的とした分類であり、健康状態、心身機能、身体構造、活動と参加、環境因子、個人因子から構成されています（図６‐２）。ＩＣＩ

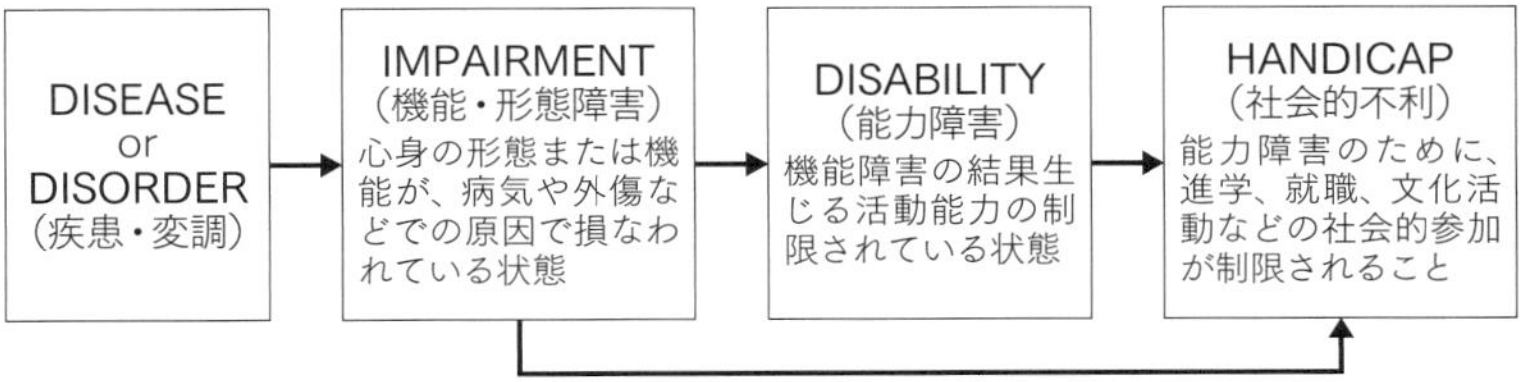

図 6-1　国際障害分類（ICIDH）

出所：上田（2002）をもとに筆者作成

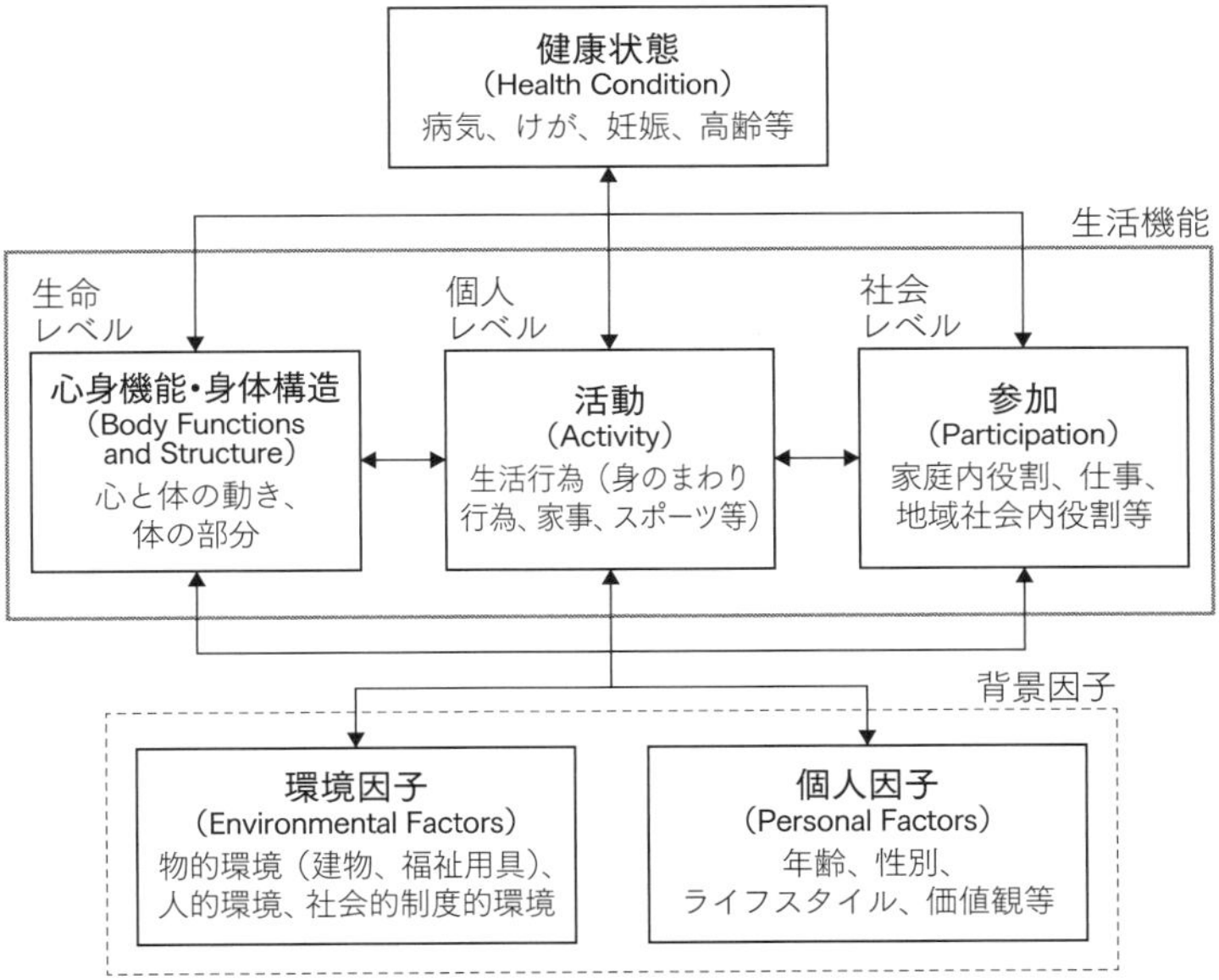

図 6-2　国際生活機能分類（ICF モデル）

出所：WHO（2001）をもとに筆者作成

DHモデルとの一番の大きな違いは、対象が「障害」から「生活機能」に変わったことにあります。これは病気や「障害」といったマイナス面から「生活機能」というプラス面に視点を移したということで、いわば考え方を180度転換したとも考えられます。また、ICFモデルは生活機能から障害を分類し、障害のある人々の人生や生き方にまで視野を広げたことから、ICIDHからICFへの変換は医療モデルから社会モデルへの転換ともいわれています。

これまでみてきたように、法律やWHOの国際生活機能分類は新しい「障害観」を提唱していると考えられます。「障害」とは特定の個人にもともと存在するのではなく、社会環境との相互作用においてつくり出されるものであるという考え方に変わってきたのです。社会のしくみや制度が人々に不自由さや制限をもたらすのであれば、個人の能力の向上に着目するだけでなく、社会環境の整備や充実によって解消する必要があります。このような障害観を障害のある子どもの保育や暮らしに当てはめて考えてみると、子どもの可能性を広げるために行う環境構成などの重要性を再認識することができます。

2　子どもの障害

親への支援の観点から考えると、わが子の障害が発見される時期や障害の種別により親の経験が異なります。発見される時期に沿って、子どもの障害の状態について簡単に解説していきましょう。

❶ 出生まもなく発見される

出生の時点で子どもの呼吸や心臓などの循環器に何らかのトラブルがあり、長い時間改善しない場合は重症心身障害や脳性麻痺等の障害が疑われ、治療が開始されることになります。また、外表の異常などによって、多発奇形や染色体異常に伴うダウン症などが発見されます。これらの疾病・障害の判断については、脳画像や染色体検査など明確な生物学的検査が根拠となります。

❷ 新生児訪問や４か月健診で発見される

周産期や出生段階で特に異常が認められない場合であっても、１歳頃までに発見される障害は運動発達の遅れを伴う障害となります。４か月健診で定頸（首のすわり）が認められない場合や、反《そ》り返りが非常に強いといった姿勢の異常がある場合は、脳性麻痺や精神運動発達遅滞が疑われます。脳性麻痺の場合は脳画像が診断根拠となりますが、精神運動発達遅滞の場合には生物学的検査に明らかな異常はないこともよくあります。

3 1歳6か月健診で発見される

1歳6か月健診で発見される障害は、知的障害と自閉スペクトラム症（ASD）が主なものです。この健診では言葉の遅れや対人行動、コミュニケーションの問題などを、子どもとのやりとりでチェックします。気になる子どもには2歳頃に担当の保健師が、家庭訪問や電話で子どもの発達を確認して、定型発達の範囲になっていない場合は、専門療育機関に紹介し、子どもは確定診断を受けることになります。

児童精神科医や心理士という専門家のチームによる診断であっても、前述のような運動発達障害群とは異なり、生物学的な診断根拠はありません。言葉の遅れやコミュニケーションの質の偏り、こだわりの程度といった言動から判断することになります。子どもの言動にはさまざまな解釈や意味づけがあるため、生物学的検査の根拠がないこれらの障害群について、親が認識を深めるのには、時間が必要となり、心理的葛藤も生じます。

4 3歳児健診で発見される障害

3歳児健診で発見される障害は、知的障害を伴わない自閉スペクトラム症（ASD）です。言葉の遅れを伴わないため、1歳6か月健診で発見されることはほとんどありません。また、コミュニケーションの偏りや興味の限局といった言動で診断されますが、親は個性の範囲か障害なのかと理解に苦しむ場合もあります。親子やきょうだい間では、そのような言動でも小さな頃から慣れ親しんでいるため、異常と感じることが少ないのも当然かもしれません。

5 幼児期後期に発見される障害

幼児期後期に発見される障害は注意欠如多動症（ＡＤＨＤ）で、集団生活の中での不適応行動によって気づかれます。幼稚園や保育所の朝の集まりなどでじっとしていられない、興味のない制作活動ではすぐに離席してしまうなど、集団適応という観点から診断をされることになります。この障害では子どもの行動そのものよりも、いつも注意や叱責を受けることによって自信をなくしたり、反抗的な態度となるなどの二次障害に留意する必要があります。

3 これまでの親支援の主流

この節では従来からある親支援の考え方や方法について説明しましょう。

1 共同療育者

「共同療育者」とは米国ノースキャロライナ州で実践されているＴＥＡＣＣＨプログラムで掲げられている理念の一つです。ＴＥＡＣＣＨとは、自閉症療育研究者・実践者に広く普及されていったプログラムです。具体的には、「療育に対して親が共同治療者として協力する・たえず親たちの意見に耳を傾け、それをプログラムにいかしていく」と述べられていますが、日本では少し異なる理解がされて広がっていったように感じています。親がわが子の障害特性を正しく理解し、それに応じた対応を身につけ、準療育者となることが共同療育者の親として目指されています。全国の療育機関は、親を共同療育者として育成することを保護者支援の一環として位置づけ実践しているところがほとんどでしょう。療育機関に限らず、保育所や子育て支援機関なども、障害のある子をもつ親に対して「共同療育者」としての役割を期待していると思います。

たとえば、自閉スペクトラム症（ＡＳＤ）の子どもは、イレギュラーな変更に弱いので、混乱やパニックから防ぐために毎朝、その日の予定をタイムスケジュールとして伝えることができるように親は指導されます。他にも、ＡＳＤの子どもは聴覚刺激より視覚的手がかりの方が理解できるので、家庭でも絵カードを用いてコミュニケーションをすることを推奨されます。ペアレント・トレーニングという方法の根幹となる考え方や背景にも、共同療育者と類似するものがあると考えられます。

親であることと、共同療育者を求められることとのはざまの心境を、ＡＳＤの息子をもつ母親である福井公子は、詩という手段で巧みに表現しています。以下に引用します。

「ゆ・れ・る」

「親こそ最良の療育者」とよく言われます
子どもに障害があるとわかって動揺している時、そう言われると
そうだ！　なんとしてもがんばらなくっちゃ！　と思います
私も、そうでした
でも、けっきょく私は最良の療育者になれませんでした

自閉症の息子は、よく私の髪の匂いを嗅ぎにきます
こんなとき、「療育者の私」は×を出します
「他の女性にもこんなことをやりだしたら大変だ」
そう言われるからです
でも、「お母さんの私」は×が出せません
わが子に触れられるのがいやなお母さんなんていませんから

私は、ゆれます
療育者か？　お母さんか？

そして、私は決まって「お母さんの気持ち」の方を選んでしまいます
いやいや、そこを心を鬼にして療育するのがよいお母さんだ
そう言われるかもしれません
だとしたら、私はよいお母さんでもないのです

今でも息子は機嫌のいい時、ゲラゲラ笑いながら私の髪を嗅ぎにきます
私が穏やかな気持ちになれる一時です
（福井 2013）

この詩からは、親を共同療育者として育成することが保護者支援であるという、一面的な認識には限界があることに気づかされます。

2 レスパイト

「レスパイト」とは、一時的な休息という意味です。障害のある子どもの子育ては、定型発達の子どもの子育てより、大変で疲れるものであるという社会的な認識があることが前提にあり、福祉制度が古くから整備されてきました。現在は、障害者総合支援法のもとに、家族が疲労回復を図るときや、介護者や家族が病気・事故・出産または冠婚葬祭等の理由で、障害のある子どもの介護を行えなくなったときに、一時的に施設や病院に入所・入院することができま

す。

実際には市区町村の窓口で、障害児受給者証の申請や利用施設との調整などの手続きが必要です。また、１週間前後の短い期間であっても、住み慣れた家庭とは全く異なる環境の中で子どもが過ごすと、帰宅後に気持ちが不安定になることも多くあり、親にとっては気軽に利用するサービスではないのが実情のようです。

4　家族のメンタルヘルス

２０００年代になって、障害のある子どもの親を「共同治療者」とみなし、「休息が必要な子育て」として捉えるだけではなく、親のメンタルヘルスの観点からの研究や実践が始まりました。

1　障害のある子どもの親の精神保健

障害のある子どもをもつという出来事を親の人生の大きな危機と捉え、そのメンタルヘルスについての研究や実践が少しずつ開始されてきました。２００８（平成20）年のＪＩＣＡ（国際協力機構）の報告書によると、タイ、ブラジル、コロンビア、マレーシアにおいて、自閉症あるいは知的障害のある子どもの母親の47％にうつ状態が認められています（JICA & JLDD,

2007）。日本では２００７（平成19）年頃より本格的に「障害児の親のメンタルヘルス研究」が開始され（原 ２００８、２００９、２０１０ａ、２０１０ｂ）、対応困難な保護者の要因には発達障害と精神障害があり、後者にはうつ病が多く、定型発達の子どもの親と比べて高頻度の出現であることが明らかになってきました。中でも高機能広汎性発達障害（現在の自閉スペクトラム症）児・者の母親で、軽度のうつの範囲にある人は４割、重度群は１割に認められ、重度に関しては一般的な発生と比べ10倍の出現となっています。睡眠障害についても同世代の女性25・9％に比して、高機能広汎性発達障害児・者の母親は36・１％と、明らかな有意差があることがわかってきました。

また、障害のある子どもをもつ親がメンタルヘルスの危機に陥るプロセスについても、少しずつ明らかになっています（一瀬 ２０１６）。障害のある子どもの出現は、親の人生の過去のトラウマを再燃させ、自己否定感が強まることにつながります。図６‐３に示すように、過去のトラウマには親が育ってきた原家族からの満たされなさや、いじめやＤＶ被害による傷つきなどがあり、それらを思い出させることになります。加えて現在の子育てへの夫の無関心や、ママ友集団での居場所のなさ、幼稚園や保育所などでの無理解などによる傷つきが重なると、メンタルヘルスに負の影響を与えることがわかりました。その痛みやつらさが手当てされないまま長期化・深刻化すると、「なぜ自分だけがこんなことになってしまったのだろうか」という人生の不条理を覚えて、自分自身の言動に不安や後悔が募ります。自分自身は無価値であると

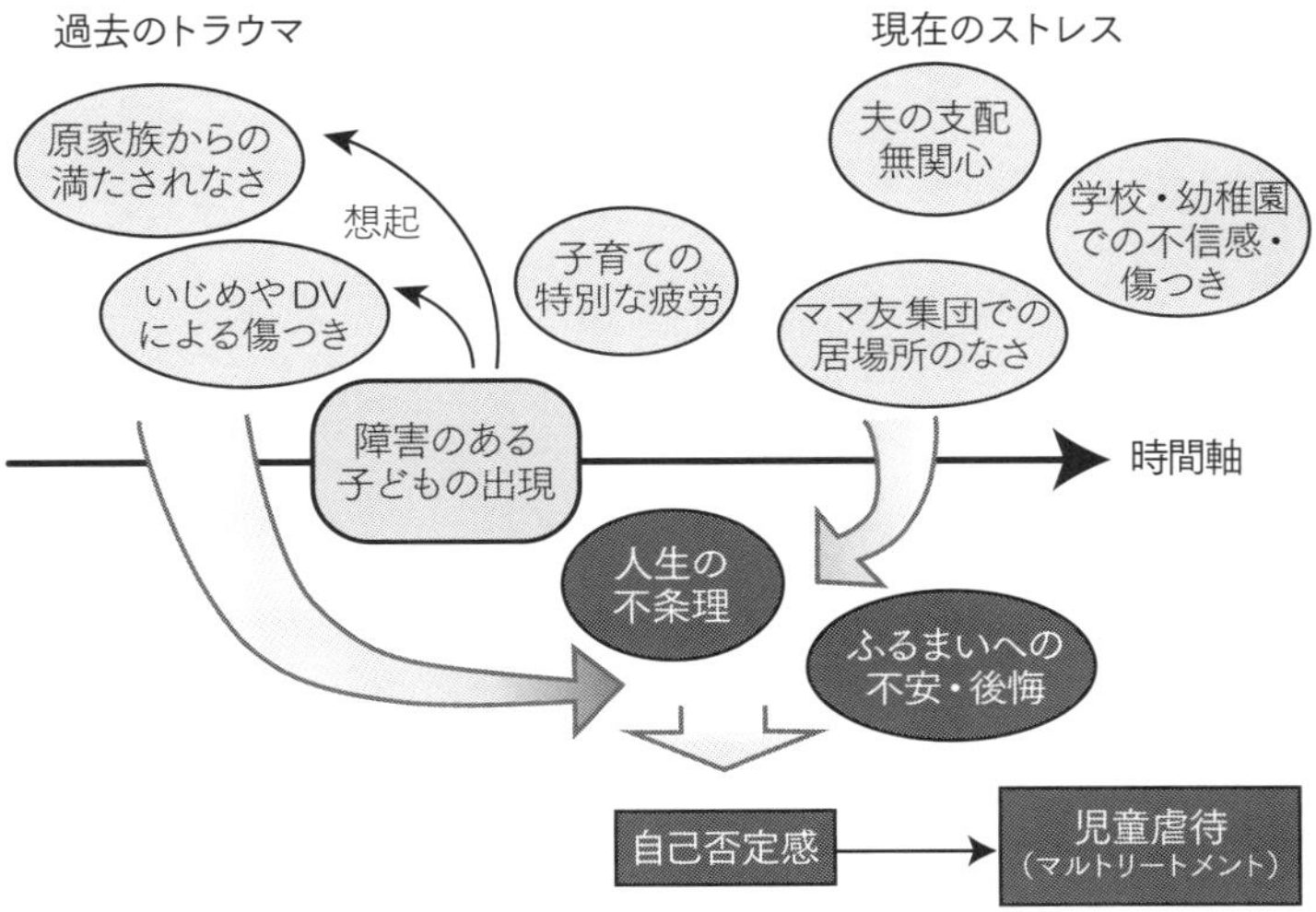

図 6-3　メンタルヘルスの危機へのプロセス
出所：一瀬（2016）、p. 207

いう思いや、自己否定感が強まると、自傷行為や子どもへの暴言・暴力に発展することもあります。

親の思いをプロセスに沿って整理すると８つに分類されます（表６－１）。一つずつを丁寧にみていきましょう。

⑴ 原家族からの満たされなさ

・自分は親から十分に愛されてこなかったのではないかという思いや、自分自身が育てられてきた時間の中で親から受け容れてもらえなかった悲しみや憎しみが中心です。たとえば、小学校でいじめにあったつらさを実母に話しても「お友だちのことを悪く言ってはだめよ」と正論で返されて、自分の悲しみには目を向けてもらえなかっ

表 6-1　メンタルヘルスに影響を与える 8 つの要因

	カテゴリー	ラベル⇒グループ化
1	原家族からの 満たされなさ	・生育歴の中で親から受け容れてもらえなかった ・障害に対する偏見や世間に対する見栄 ・実父母からの虐待経験
2	いじめや DV による 傷つき	・いじめ被害や加害体験 ・恋愛関係における DV 被害 ・ひとりぼっちでの昼食や卒業式
3	これまでの子育ての 苦労・疲弊	・たった一人での大変な子育てをわかってもらえない ・分刻みのスケジュールや子の安全を守る緊張感 ・育児疲労による慢性的な体調不良
4	人生の不条理	・「こんなことになってしまった」という慄《おのの》き ・自分の努力ではどうにもならない無力感 ・人生の大きな選択への後悔
5	夫の支配・無関心	・夫からの暴言や暴力 ・家族への無関心 ・子どもに対する拒絶
6	居場所のない ママ友関係	・いつもアウェーな感じ（away, 自分の居場所ではないような感じ） ・ママカーストの最下位 ・子どもの能力差を見せつけられる強い劣等感
7	子の所属集団への 不信・傷つき	・子どもの障害特性を理解していない不適切なかかわり ・親の感情と教員の対応の微妙なずれ
8	自身の振る舞いへの 不安・後悔	・親として適切な言動がとれていたか ・余計なことを言ってしまってはいないか、どう思われているか不安 ・自分はだめな人間ではないかという自己否定感

出所：一瀬（2016）、p. 203

た、中学時代のいじめ体験を親にきちんと聞いてもらえなかった、といった苦しみがあります。

- 民生委員・児童委員をやっていて普段は弱者に理解があるようなことを言っている親が、孫の障害に関しては「普通級に行かせるようにがんばらなくてはだめ」と言ったり、近所に孫の障害について隠したりしているので、実家に帰ることができないなど、障害に対する偏見をもつ親への批判や悲しみがあります。

(2) 過去のトラウマ

- 学生時代のいじめられた体験が昨日のことのようにリアルに思い出されます。たとえば、体育の授業の１０００メートル走の際にグラウンドを回る周数をごまかしたと言いがかりをつけられ、教員も自分を信頼してくれなかったつらさなどがあります。
- 恋愛関係におけるＤＶ被害があり、「お前は価値のない人間だ」といった人格を否定する暴言を浴びせられた、同棲中に実家へ逃げようとすると暴力を振るわれたといった体験。
- 中学時代、クラスの中で仲間はずれにされ、友だちもおらず卒業式をたった一人で帰ったこと、あるいは昼食をとるときに一緒に食べる友人がおらず、屋上で泣きながらお弁当を食べたこと。

(3) これまでの子育ての苦労・疲弊

- たった一人で手のかかる乳幼児を育てる大変さ。昼夜逆転の睡眠リズムや、落ち着きのない年子の子どもを母親だけで、一人はおんぶ、もう一人は抱っこでやってきたこと。2〜3年に1回の夫の転勤で全国各地を転々とし、近所付き合いもなく孤独で誰も助けてくれなかった精神的な疲労。また、肢体不自由かつ最重度の知的障害のある子どもの場合は、誰かがかかわっていないと自傷行為や感覚的な刺激に没頭することがあるため、親には常にケアを求められる疲労感があります。

- 自閉スペクトラム症の育児は、毎日時間どおりに手順も同じにすることが必要で、かかわる人も母親だけに限定される場合があります。分刻みでスケジュールを組んで子育てをしてきた日々の緊張感や、子どもの発達のために仕事を辞め、自分自身のキャリアを断念し、自分のすべてを犠牲にしてきたやるせない思いも生じます。
- 上記に伴う慢性的な体調不良、胃腸の痛み、身体全体のこわばり、睡眠障害、食欲不振など。

(4) 人生の不条理

- 子どもの頃から思い描いていた人生との大きなギャップに戸惑います。思ってはいけないこととわかっていながら、障害のある子どもの存在やその暮らしに対して「こんなことになってしまった」という思いや「なぜ自分が」という驚愕に似た感情を抱きます。
- これまでの人生においては、さまざまな困難があっても、勉強したりエネルギーを注いだりすることで問題解決の方法を見出してきましたが、障害のある子どもについては自分がどんなにがんばってみても、努力ではどうにもならない無力感におそわれます。

・これまでの人生の選択に対する、後悔の念のような思いが生じます。他にも求婚してくれた男性はいて、今の夫ではなく別の男性と結婚していれば障害のある子どもは生まれなかったかもしれない、人工授精の受精卵のうち他の受精卵を子宮に戻し着床させていれば、健康な子どもに恵まれていたかもしれないのに、という思いが頭をめぐります。

(5) 夫の支配・無関心

・休日でもパソコンに向かい、子どもや妻には無関心な状況で、就学などの子どもの大きな進路決定に関しても「わからないから任せる」というような、父親としての責任感がない夫の態度に怒りやあきらめの境地になります。逆に、夫が子どもと妻の考えを尊重せず、療育機関や就学先を一方的に押しつける場合もあります。

・自閉スペクトラム症の子どものパニックに対して「こんな子どもを育てる自信がない」と言ったり、子どもからのかかわりを毛嫌いするような言動をとったりします。夫の子どもに対する拒絶的な態度を見て母親は、夫が子どもを受け容れていない、ひいては自分自身も否定されたような思いになり、傷ついています。

(6) 居場所のないママ友関係

・幼稚園や保育所、小学校の通常学級の中ではいつも「アウェー」な感じがします。特別支援学級に所属していると、交流級である通常学級での授業参観の際に、通常学級で授業を受けているにもかかわらずその学級の名簿に名前がないことにショックを受けます。

- 「○○ちゃんはちょっと難しいよね」とイベントに誘われないことがあり、一見思いやりに満ちているような態度ですが、「ソフトはぶかれ」のように感じてしまいます。夫の社会的地位・年収・住んでいる家・乗っている車などで母親間の順位づけがなされるママカースト制では、子どもに障害があるだけでいきなり最下位の扱いを受けます。
- 幼稚園やサッカーなどの習い事の中で、他の子どもと比べて自分の子どもが常に劣っている様子を見せつけられる苦しさや、強い劣等感を覚えます。このストレスが継続すると「どうしてきちんとできないのか」という怒りに転じ、その怒りが子どもへと向かい虐待リスクが大きくなります。

(7) 子どもの所属集団への不信

- 障害特性を理解せず子どもに不適切なかかわりをする教員にがっかりする気持ちや、不勉強さに対する批判的な思いが多くあります。具体的には、自閉スペクトラム症の子どもに対して教員が反省を迫り、「謝ることを知らない」と言葉だけで説教をしたり、「構造化」とはほど遠い乱雑とした教室の中で子どもを追いまわしたりする日々の繰り返しに、不信感が募ります。
- 親の感情と教員の対応のずれに傷ついています。子どもが落ち着かず、パニックが続く状況への対応に心身ともに疲労困憊《ひろうこんぱい》になっているときに、担任の先生に疲れた気持ちを打ち明けると、「お母さんががんばらなくてどうするの」と激励はされますが、自分自身の感情は受け止めてもらえず、否定されたような複雑な気分が残ります。

⑻ 自分自身の振る舞いへの後悔や不安

- 公園や病院の待合室など公共の場所で、子どもに対して親として適切な行動をとることができたかどうか不安になります。砂場で後片づけをきちんとしないときの怒り方に、厳しさが足りない母親だと思われていないか、もっと強く叱責した方がよかっただろうかと、周囲の目が気になって仕方がありません。
- 子どもがいない場面であっても、ママ友同士や近隣との付き合いの中で「余計なことを言ってしまったのではないか」「言わなくてもよいことだったかもしれない」「話したことが、そこにはいない別の人に伝わっていたらどうしよう」と、帰宅した後も、自分の言動が適切であったのかどうかという思いに苛まれています。
- 前述の状況が継続し深刻化すると、メンタルヘルスが危機的になります。自傷行為などの行動につながることや、自分自身を無価値に思うことへと発展することもあります。

2 メンタルヘルスと児童虐待

メンタルヘルスの不調と児童虐待には、上記のプロセスでみてきたように深い関連がありま す。児童虐待の予防のための親支援として、メンタルヘルスに留意することはとても重要なことです。児童虐待の要因は、大きく分けると①子どもの要因、②親の要因、③養育環境（地域・ソーシャルサポート）の3つとされています。子どもの要因のうちの一つに、育てにくい子どもや障害児が挙げられています。２０００（平成12）年度に児童相談所が扱った児童虐待件数のうち、被虐待児が障害児であったケースは7・2％であり、障害児は非障害児の4～10倍の頻度で虐待されていました。

障害の種別で比較すると、重症心身障害児への虐待の発生率は1・3％ですが、自閉症を中心とする広汎性発達障害児（現在でいうASD児）では4・3％、ADHD児では9・0％に達し、情緒・行動の問題をもつ子どもの虐待リスクが高い傾向にあることが明らかになっています（細川・本間 ２００２）。

しかし、子どもに情緒・行動の障害があったとしても、それだけで児童虐待が生じることはありません。重要な視点は、親のメンタルヘルスへの着目です。筆者のインタビューを受けた子どもに不適切な対応をしていた親たちは、「はっと気づくと、私おかしいと思って、外へ行こうかと思って靴をはこうとすると、どうしてもそれ以上行けなくて」「やっぱり、おかしくなっていたから、このままどうしよう、どうしようとそれだけになってしまって」と、自分自身の精神的な変化を自覚し、精神的クライシスを迎えていました。

次に重要なのは、親の孤立感について察知することです。「外へ出ていくパワーもなくなって、今日は行きたくないなと思ったりしたのが始まりで、それで家の中に閉じこもりきりになっちゃって、それがきっかけかな」「無責任な関係ない人って、簡単に『なんでこんな子どもが生まれたのかな、なんて言っちゃだめだよ』とか言うんだけど、じゃあ産んでみればって思っちゃう。そう言われるのがわかっているから、言えなくなっちゃう、だから、よけい内にこもる」と、精神的にも行動のレベルでも閉じこもりの状態に陥る場合もあります。

家庭の中で閉じこもりとなると、母親にとっては、障害のある子どもとの二者関係が唯一の関係となります。その濃縮された関係の中で、子どもの問題行動は親の不適切な対応を誘発し、親子関係の悪循環を招くことになり、親の精神的なバランスを蝕《むしば》んでいくことにもつながります。

まとめてみると、①周囲からの孤立や「閉じこもり」という関係の断絶、②子どもの情緒・行動の問題、③親のメンタルヘルスの危機という3つが絡み合ったメカニズムで不適切な養育が生じているということです。これらが理解できたところで、支援者にダイレクトにできることは、①の孤立に対してのアプローチでしょう。親に対して「あなたのことを心配している・関心をもっている」というメッセージを送りつづけることが大切です。詳しい方法は第8章の「相談援助」のところで説明していきます。

3 障害のある子どものきょうだい

きょうだいは親とは異なる心理社会的な問題を抱えることが多いといえます。親と同様に生

表6-2　きょうだいが抱える心理社会的な問題

孤独感	障害児に対して親が世話をする時間が多くなる 親の注意が障害児に向けられ、関心を得られない寂しさ
罪悪感	親の愛情をめぐって障害児と張り合ってしまうことに対する後悔 障害の原因を自己に起因させる 障害児を恥ずかしく感じることに対する葛藤
憤りや不満	障害児の世話や家事を課されること 自分自身の時間が割かれ、束縛されること
過剰な同一視	障害児と同じ障害になるのではないかというおそれ
親との葛藤	親からの過剰な期待によるプレッシャー 親の役割を代行することを求められること
社会性や情緒の発達への影響	障害児の世話で家庭外での経験時間が少なくなる きょうだいの役割逆転による不適応
差恥や困惑	周囲からの好奇な目や無理解にさらされる不愉快 障害特性による行動に常に注意をはらうことによる疲弊

出所：柳澤亜希子（2007）「障害児･者のきょうだいが抱える諸問題と支援のあり方」『特殊教育学研究』45、pp. 13-23により筆者が作成

活上の制限を受けたり、親の役割を代行したりすることを求められ、そのことに自分の時間を割かなければならず、社会的経験が少なくなることが指摘されています。具体的には、中学生になってもクラブ活動に参加せず、まっすぐ帰宅して家事やきょうだいのケアにあたったり、旅行に行けなかったり、テーマパークに行けたとしてもアトラクションには乗ることができないことを不満に思うこともあります。それらを表６‐２に整理しました。こうした問題はみなが同様に抱《いだ》くというわけではありません。関連する要因としては、性別、出生順位、障害の種類や程度、家族の経済状態、障害児に対する親の態度などが複雑に絡み合っています。

一方、きょうだいは障害のあるきょうだいの存在によって、早い時期から自分の将来に見通しをもち、精神的な成熟が促進され、また忍耐力や寛容さ、洞察力が養われ、自分自身の能力や家族に感謝の念を抱くというような、彼らの人格や価値観の形成に肯定的な影響を及ぼすことも見逃してはなりません。日本においては、きょうだいへの研究や支援が十分に進んでいない状況です。

5　ストレス論からみえる家族

ストレスという視点から障害のある子どもをもつ親を考える研究も多くなされてきています。そこから、障害の種別やその重さや程度にかかわりなく、親は子どもの成長とともに一般の子育てでは生じないストレスにさらされていることが明らかになっています。これまでの研究を概観すると、保護者にストレスを与える要因は以下の５つに整理できます（原　２０１０ｂ）。

⑴　家族外の人間関係から生じる要因

障害のある子どもをもつことで地域社会に対して感じる引け目や疎外感などが中心です。子ども会の行事や地域の体育祭に参加できない状況もありますし、児童発達支援センターの通園バスを揶揄《やゆ》されることもあります。幼稚園や学校の先生に理解されない場合などでは、子どもの対応について交渉しなければならないことも少なくありません。

⑵ 障害児の問題行動から生まれる要因

障害のために起こる子どもの自傷を親の対応ではコントロールできないむなしさや、他害行為とその処理による心労に強いストレスを感じています。わが子が頭突きや強く飛び跳ねるなどの常同行動や自分を傷つける行為をしていても、親が子どもの気分を切り替えたりしながらこれらの行動を止めるのは、なかなか難しいことがあります。子どもが苦しんでいるのに、親が目の前にいるのに助けることができないという苦しみがあるのです。また、小学校で友だちを叩いてしまったり、プリントを破ったりした場合には、菓子折りを持参して相手に謝りに行かねばなりません。常に賞味期限の長いお菓子を自宅に常備しているという親もいます。

⑶ 障害児の発達の現状および将来の自立に対する不安から生じる要因

自閉スペクトラム症の場合には親子の愛着関係を形成するのが難しく、親以外の他者と親をはっきりと区別できないこともあります。その場合、「お母さん」「パパ」と求められることが少なく、親としてのアイデンティティを実感することができない切なさがあります。また、わが子の成人期以降の姿や生活に見通しをもてないことや、「親亡き後」の生活について漠然とした不安が心を覆うこともあります。

⑷ 障害児を取り巻く家族関係から生じる要因

子どもの障害についての認識に、夫婦や祖父母との間でギャップがあることによって生じるストレスです。母親は子どもが自閉スペクトラム症であることを理解していても、父親は個性の範疇であると捉えていたり、祖父母が「母親の育て方の問題だ」と言ったりすることもあります。その結果、養育や進学の方針について意見の違いによる対立や争いが起こることも多くあります。具体的には、就学の選択に際して通常学級か特別支援学級のどちらを選ぶかなど、意見をまとめるのにエネルギーや時間を要することになります。

(5) 日常生活における親自身の自己実現の疎外から生じる要因

障害特性によっては子どもを簡単に他者（親族や社会資源）に託すことができないため、親の生活の自由は制限されることになります。また就労や転勤などの機会も、障害のある子どもの生活を優先すると制限せざるをえない状況もあり、それに伴う不全感をぬぐうことは難しいでしょう。

6　親の「障害受容」の理論

わが子の障害を告知された親の反応について「障害受容論」という理論があり、実践現場にも浸透しています。障害受容論の代表的な「段階説」「慢性悲哀説」「螺旋《らせん》モデル」という３つの考え方について紹介しましょう。

1 段階説

段階説とは、時間の経過とともにその感情は変化し、適応へと進むというモデルです。さまざまなプロセスがありますが、ドローターによる①ショック、②否定、③悲しみと怒り、④適応、⑤再起という5段階モデルが代表的なものです。児童精神科医として著名な佐々木正美は、以下のような11段階モデルを提唱しています（佐々木 1994）。

①精神的打撃と麻痺の状態——一時的に現実感覚が麻痺する。

②否認——子どもの障害という事実を拒否する。障害を直視しない。

③パニック——否認や拒否ができなくなる時期がきて、障害があるのかないのか収拾がつかない状態になる。

④怒りと不当感——子どもの問題が徐々にみえてくると、同時にやり場のない怒りや自分たちだけに不平等な苦しみを負わされたという不当感が生じる。

⑤敵意とルサンチマン（恨み）——障害児をもたない家族などへの対象不明確な嫉妬や羨望。

⑥罪意識——外罰から内罰へ。因果関係の不明なままの自責の念に苦しむ。

⑦孤独感と抑うつ感情——悲嘆の感情を克服するための自然な心理過程であるが、周囲の援助が特に大切な時期である。

⑧精神的混乱とアパシー（無欲、無関心）——空虚な気持ちに支配されて、何もしたくない状

態になる。

⑨あきらめから受容へ──勇気をもって積極的に現実に直面するようになる。

⑩新しい希望、そしてユーモアと笑いの再発見──ユーモアと笑いの復活は、悲嘆の過程を乗り切った証しでもある。

⑪新しいアイデンティティの誕生──新しい価値観やより成熟した人格をもつ者として生まれ変わる。

他にも多くの段階説が報告されていますが、どれもみな最終段階には安定や受容に達するというサクセスモデルとなっています。このモデルは、親は子どもの障害を受容すべきであるという規範として作用することになり、批判も生じています。

2 慢性悲哀説

慢性悲哀説とは、どんなに時間が経過しても、親の心の奥底には悲しみの思いが常にあるとするモデルです。苦悩や絶望と関連して表れる悲しみは病的な状態ではなく、親の自然な反応であり、それは慢性的に途絶えることなく続くと理解されます。いったん適応した後も親の心理は平穏ではなく、障害告知後の感情反応を繰り返します。

専門家がそのことを理解しないと、保護者が率直に悲哀感を表明できず、保護者のメンタルヘルスを損ねる要因となるので留意が必要です。

3 螺旋《らせん》モデル

螺旋モデルは段階説と慢性悲哀説の両者を統合した考え方です。障害を受容できている親・できていない親と保護者を評価するのではなく、コインの裏表のように障害の否定と肯定が共存していると理解します。親の歩んでゆくプロセスを、螺旋階段を上っていく姿にたとえており、慢性悲哀説のような悲嘆感が見え隠れするのも自然状態です。

そのタイミングをライフイベントと関連づけて理解することが有用です。ライフイベントとは子ども成長の節目であり、子どもの誕生からお宮参り、お食い初《ぞ》め、初誕生日、七五三、入園・入学、成人式など、通常おめでたいとされる「お祝い」です。しかし、障害のある子どもの親にとっては、世の中の大多数の子どもと同じように「お祝い」ができないことが悲しみを表面化するきっかけになるのです。もっと小さなものでは、学校行事である運動会、林間学校、修学旅行なども同様な危機になりえます。多くの子どもにとっては晴れ舞台であったり、日常経験できない特別なイベントであっても、障害のある子どもにとっては、参加の可否や、参加するに際しても部分的なのか、サポートに家族が付き添うべきかなど多くの判断や調整を求められる機会となり、悲哀が表面化することもあります。

7　障害受容論を超えて ―― 自己のポジショニング理論

障害のある子どもの親の経験は障害受容論で論じられる心理的なレベルを超えて、親の社会的な関係に深く影響を与えることがわかってきました。「自己イメージ」と自分自身をどのように位置づけるかという「関係性」を包含したものとして、図６-４で示した「自己のポジショニング」の変容という考え方があります。「子どもが不憫《ふびん》というよりも、友だちになんて話せばいいのだろう、隠し通せるはずがない」「子どもに障害があることを伝えたときの親友の表情が少しでも曇ったら、大好きな親友のことを嫌いになってしまうのが怖いからもう会わない」など、親自身がこれまでもっていた人間関係というレベルにも変化をもたらします。また、関係性と自己イメージは両輪です。関係を断絶した自分には何の魅力もないし、こんな私とは誰も話したいとは思わな

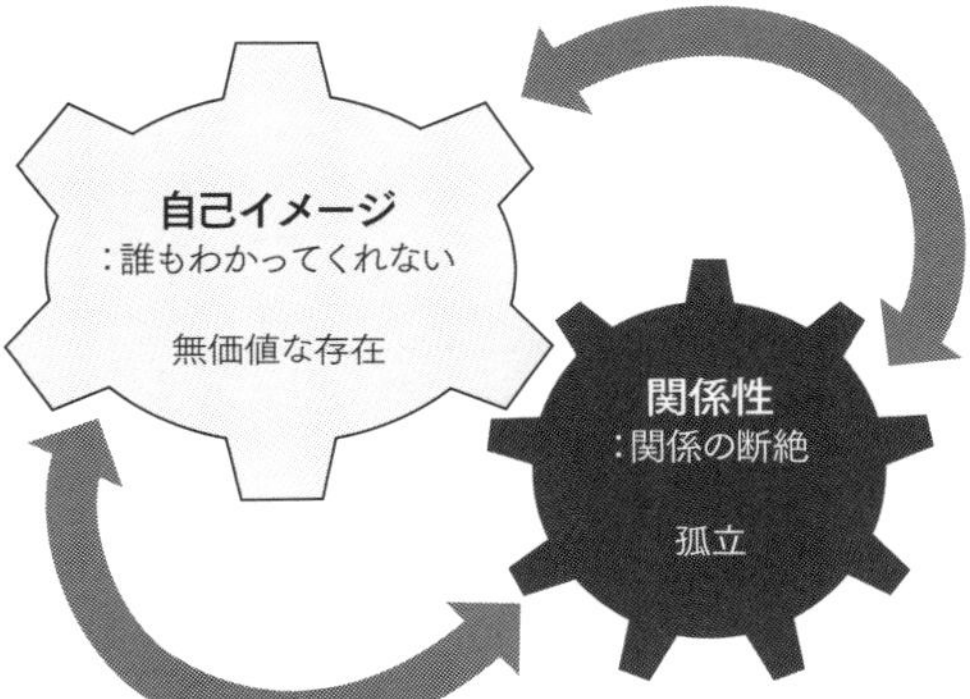

図 6-4　自己のポジショニングとは
出所：一瀬（2020）、p. 40

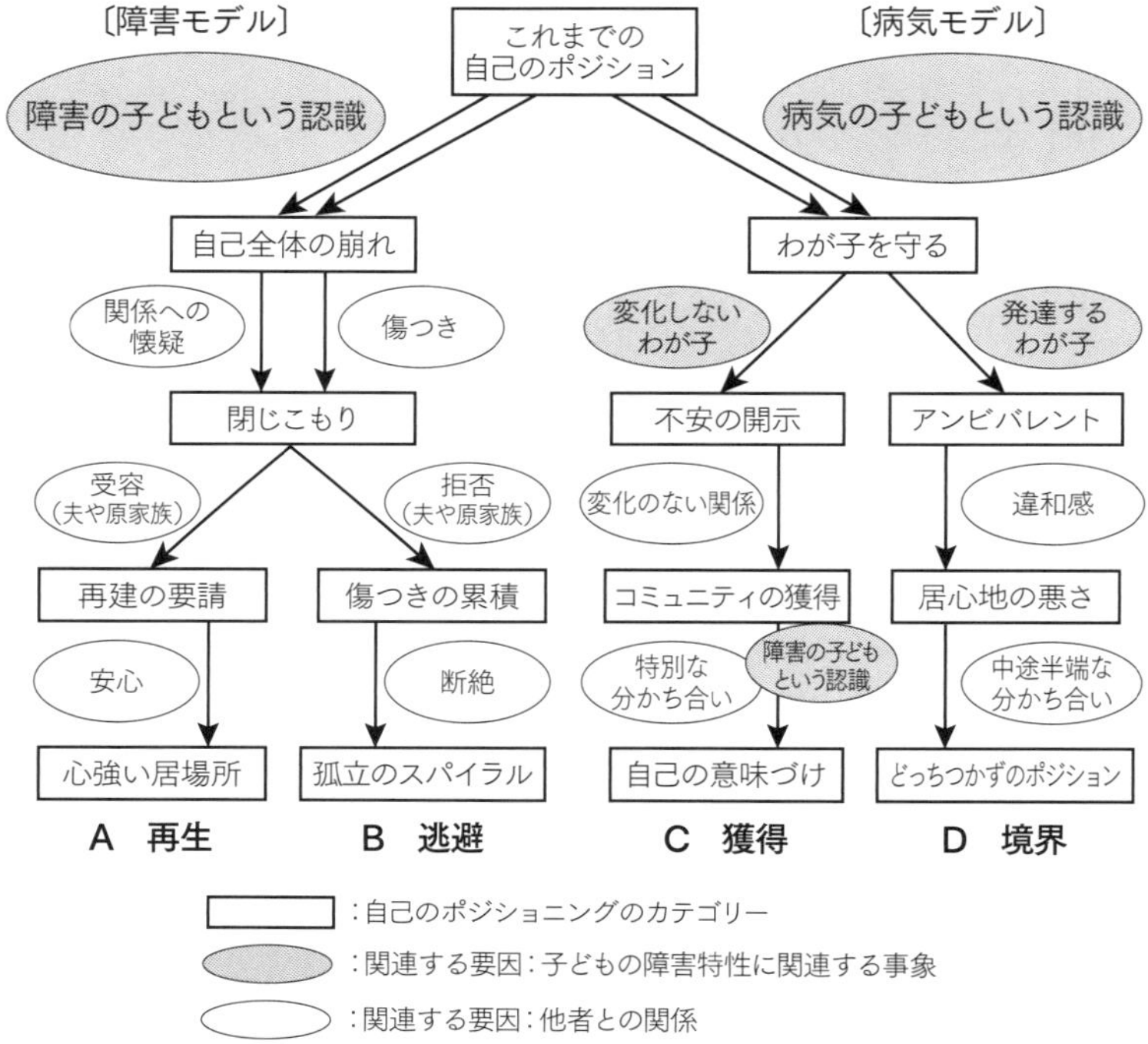

図 6-5　自己のポジショニングの変容プロセス：4 つのストーリー

出所：一瀬（2011）、p. 71 を改変

いだろう、誰もわかってくれない、自分は無価値な存在であるという自己イメージをもつようになります。

この関係と自己イメージが循環している自己のポジショニングの変容プロセスには、図6-5で示すように、4つの異なるストーリーが見出されています。それは、障害のある子どもをもつ親はみな同じような段階を経て、適応へと進んでいくという障害受容論の段階説とは異なります。そのストーリーは、「再生」「逃避」「獲得」「境界」という全く異なる４つのプロセスになります。このストーリーははじめに大きく２つに分かれます。それは、初期の段階でわが子が障害であると認識するか、いずれ治療や訓練をすれば治るかもしれない病気であると理解するかの２つです。これは、子どもの障害の種別や程度には関連がなく、母親がわが子をどのように認識するかによって分かれることになります。前者の母親は、**【自己全体の崩れ】**という経験となり、後者の母親は**【わが子を守る】**ことが主要なテーマとなります。４つのストーリーを簡単に解説しましょう。

1 再生

――閉じこもりを経験した後、他者からの受容により自らを「障害児の母」と位置づける

わが子に対する「障害がある」という告知に、見通しのもてない不安を感じるだけではなく、母親自身の存在を揺るがし、母親は**【自己全体の崩れ】**を経験することになります。母親としての自分自身を求めないわが子は、自己イメージの混乱という衝撃を与えます。それとともに母親は、これまで有していた人間関係が壊れてしまわないだろうか、自分自身が拒否されてしまうのではないかと〈**関係への懐疑**〉を抱きます。他者からの反応に深く〈**傷つき**〉、そこからの回避のために他者と関係を断絶し**【閉じこもり】**という状況に陥ります。

その状況にある自己の苦しみを、母親にとって重要な他者となりうる夫や原家族に告白し、〔**受容**〕されるという経験をすると事態が動きはじめます。このままでは終われないという【**再建の要請**】へ思いが強まってくると、友人に対して関係や自己を開いていく試みをします。その結果、他者から〔**受容**〕される経験をし、障害のある子どもの母親という自分であってもこれまでと変わらない関係に安堵し、次に障害のある子どもをもつ母親との新たな出会いによって、私だけじゃなかったという〔**安心**〕感が生じ、【**心強い居場所**】を得ます。健康な子どもをもつ母親との違いを認識し、普通の母親との間に線引きをすることで境界を設定します。さらに進んでいくと、自分自身を障害児の母親として新たな《自己のポジショニング》をします。

〔**関係への懐疑**〕の始まりについて、わが子の障害のことよりも、そのことによって変化してしまうかもしれない人間関係への不安を、ある母親は以下のように語りました。

> まず、私は、どうしようって、みんなに何て言おうって、（ダウン症と）聞いたときにやっぱり、何ていうんだろう、そこから、ばーっと世界が変わっちゃうんですよね。自分が思い描いていたあれ（人生）とは、全然違って……、これからどうしようという不安と、お友だちにどう言えばって、変なことまで考えちゃうんですよね、この先、どうやってつきあっていこうとか……

2 逃避
――傷つきや深い孤立感により「障害児の親」というアイデンティティに向き合わない

関係を断絶し【閉じこもる】という状況に陥るというプロセスまでは、1の再生と同様です。その後の経験の違いにより、全く異なるストーリーとなります。【閉じこもり】の状況が続くなかで、重要な他者である夫や原家族に理解してもらおうと試みるものの受容されない体験をし、【傷つきの累積】という結果となります。そして〈拒否〉される恐怖がつきまといます。【傷つきの累積】が続くなかで同じ障害のある子どもをもつ母親と出会っても、自分にとって人は傷つける他者としか認知できません。母親にとっては恐怖で満ちている外界という状態が続きます。他者と話し合っても事態は好転せず、ひとりで耐えるしかないとすべての関係から〈断絶〉し、【孤立のスパイラル】に陥ったままです。そして《自己のポジショニング》は棚上げのままとなります。

以下は【孤立のスパイラル】に陥っている母親の語りです。

> 私は、話さないで泣く……
> なんか、親に言うのは、ちょっとどうかなっていうのもあるし……
> 「しょうがないでしょ」と言われちゃうから……

「いつまでも考えていたってしょうがないがないじゃない」みたいに、もう、話しても、しょうがないやっていうのもあるし
私は、もう泣いて……、インターネットも見ない、引きこもりって感じ

3 獲得

――大きな転換がなく自然に、障害のある子どもの親として自らをスライドさせる

呼吸管理やてんかん発作への対応など、普通の赤ちゃんとは違うわが子に不安を感じます。医師からは医療ケアや病気を中心に説明を受け、治療していけば治るかもしれない病気の子どもとして認識します。**【わが子を守る】**意識を強くもちながら、子どもへのケアに必死な日々を送ります。また、自分自身が医療的ケアをすることでわが子の呼吸が楽になるなどという経験を通じて、子どもとの一体感を覚えます。

ケアの大変さや不安について、夫や原家族という重要な他者へ**【不安の開示】**をすることができます。病気の子どもの母親という自己認識により、自己の土台が崩れていくという自己の揺らぎはありません。また、友人や近隣にもオンタイムで自己や子どもの状況について何の迷いもなく、**【不安の開示】**をすることができます。その結果、肯定的な反応を受け、母親は**〔変化のない関係〕**に安心します。

時間の経過の中で原因疾患名が判明し、障害かもしれないという認識をもちはじめ、自ら障

害・病児の親の会へアクセスします。そこではその病気だけがもつ固有の情報を共有しながら、情緒的な〈**特別な分かち合い**〉を覚え、自分の居場所としての【**コミュニティを獲得**】します。特別な居場所を得た一方で、健康な子どもをもつ母親との違いを認識し、普通の母親との線引きを設定します。特別な大きなターニングポイントを迎えなくても、自然と病気と障害をもつ子どもの母へとスライドしていきます。自分自身を障害児の母親として【**自己の意味づけ**】をすることで、《自己のポジショニング》は安定していきます。

障害児の母親と【**自己を意味づけ**】て、「私たち」と自己のポジショニングをしていることが見てとれる語りです。

> （障害児をもっていない母親とは）私たちは、違う、全然違うと思うんですよね、やっぱり、普通に育っている子は、私たちと比べたら、全然悩みなんてないと思うんですよね
> 私たちから言わせてもらえば、くだらないことに悩んでいるというか……
> 正直、思ったりすることはありますね

4 境界

——定型か障害か、どっちつかずのポジション（どちらに属することもできないあいまいな状態）

産まれたときは小さく、心配を指摘されるなかで母親は**【わが子を守る】**という強い気持ちで育てていきます。子どもは日に日に成長し母親の働きかけに笑顔を見せるようになり、**〈発達するわが子〉**に、母親は普通の赤ちゃんと何ら変わりないと感じます。しかし心の片隅には、漠然とした不安も依然もちつづけます。医師から赤ちゃんの脳の回復力の可能性も説明されており、不安と期待が交錯する**【アンビバレント】**な状況に陥ります。また、漠然とした不安を友人や近隣に対して話してみますが、他者から理解されることへの限界を感じ、**〈違和感〉**を覚えます。

定形発達の子どもの集団の中では、わが子なりに発達しているものの、他の子どもをみるにつけ差異ばかりに注目してしまいます。同じ年齢の子どもたちとの間にあるもともとの発達の差はなかなか縮まらず、**【居心地の悪さ】**を感じます。一方、障害のある子どもをもつ母親のグループの中においても、同じような**【居心地の悪さ】**を感じます。将来を覚悟した、他の障害児の母親としての振る舞いに対し、「うちは追いつくかもしれない」とここでも差異ばかりに注目してしまいます。どこにいても、普通になるかもしれないという期待と、定型発達の子どもとのギャップが広がる不安で揺れ動くという、普通か障害かの葛藤があるので、**〈中途半端な分かち合い〉**は継続したままです。障害児の中にいても定型発達の子どもの中にいても、身のおき場のない不安定さを感じており、わが子も自分自身も**【どっちつかずのポジション】**のままです。

【どっちつかずのポジション】の母親は、療育センターのグループの対象になったことへの葛藤を以下のように話しました。

> 療育センターのグループに誘われたということは……そういう側に属させるってことで……
> 「行きます」って言ったんですけど……、でも、これに参加することで……、やっぱり普通の幼稚園を諦めるのかっていうのが今でもありますね

障害のある子どもの母親といっても、❸の語りでみたように自らを「私たち」と障害児の母親としてポジショニングする「獲得」と、障害児の通うグループを「あっち側」と線引きをする「境界」の経験とでは、全く異なるストーリーをたどることがわかります。これらの４つのストーリーの詳細は、章末の引用・参考文献の一瀬（２０１２）をお読みいただけますと幸いです。

さて、4つのストーリーを紹介してきましたが、どのストーリーを歩むかを規定する要因は、大きく分けて2つあります。それは子どもの状態と重要な他者との関係です。前者では障害の程度や種別よりも、親が子どもとの関係の中で主観的な愛着関係を感じられるかがポイントです。子どもが重症心身障害の状態にあっても、親がかかわることで子どもの状態が安定すれば、親としてのアイデンティティをもつことができます。逆に、自閉スペクトラム症の子どもには親と他者を区別することが困難な場合もあり、親としての自己認識がもてず、そのことで自己のポジショニングが不安定になる要因になります。

子どもの状態にもまして重要なのは、後者の重要な他者との関係です。「逃避」のストーリーを歩む親は子どもの状態にかかわりなく、すべて重要な他者との情緒的な分かち合いがありませんでした。「境界」のストーリーの場合は、子どもの障害が軽度もしくはボーダーラインの状態にあるため、中途半端な分かち合いしかできず、自己のポジショニングがどっちつかずのままになっています。また「再生」のストーリーでは「閉じこもり」という関係の断絶はするものの、重要な他者とも情緒的な分かち合いができることによって再び関係を構築しようと動きはじめます。

この自己のポジショニング理論では、障害受容論にはない4つのストーリーとその要因を提示することによってアセスメントの視点を広げ、支援の方略についてプランニングすることも可能になります。段階説では、受容や適応の段階に至らない親を未熟であると断定しがちですが、この理論では否定の段階にとどまる親に対しても、自己イメージや関係性という視座を与えてくれるでしょう。

「境界」のストーリーは、この理論を創出したデータではない、グレーゾーンといわれる知的な遅れがほとんどない発達障害の子をもつ親にも当てはまるといわれています。この親たちは、療育センターで出会う親に対して「障害児の親」として肝が据わっているようで違和感を覚える一方で、地域のママ友との子育て談義は「習い事」やファッションの話が中心で、表面的な軽い話にしか聞こえません。自分自身を位置づけられない、ポジショニングできない、どこにも居場所がないという感覚は、メンタルヘルスに深刻な影響を与えることになります。このことは前節でみた、高機能広汎性発達障害の母親の５割にうつ状態がみられるという事実と深い関連があることが、この理論からも理解できます。

8　制度変更による親の存在の変化

❶ 新しい動向――専門療育機関から児童発達支援事業所への流れ

２０１２（平成24）年の児童福祉法改正により、療育を提供する児童発達支援事業に株式会社を含めた営利目的である民間事業者の参入が認められました。わが子に障害があるかもしれないという不安な時期にインターネットにアクセスする親が多くいることは想像できます。自閉スペクトラム症の親を対象にしている調査では、73％の親が診断前にオンラインで関連用語を検索しており、障害の疑いの段階で何らかの具体的な障害名に絞って情報検索をしていることや、相談機関についても調べていることがわかっています（山根 ２０１５）。

ネット上で診断や障害名を検索すれば、多くの民間児童発達支援事業所のサイトに行きあたります。関東圏を中心に１１９拠点（２０２４年9月時点）の児童発達支援事業所を展開する「ＬＩＴＡＬＩＣＯジュニア」のホームページには、「ＬＩＴＡＬＩＣＯジュニアではお子さまの『できた』『楽しい』を大切に教室で個の成長を促し、園・学校に働きかけ、ご家庭の成長もサポートします」というキャッチフレーズのもとに、さまざまな教育的なサービスメニューが並べられています。専門機関の相談を待たされている親が、藁《わら》をもつかむ思いで明るいイメージの児童発達支援事業所に助けを求めるのはごく自然の心情ではないでしょうか。２０１６年の少し前の調査によれば、児童発達支援事業所に訪れる41％が相談支援事業所などの支援機関からの紹介ではなく、直接の申し込みによるものだということです（一瀬 ２０１６）。１歳６か月健診で発達障害が発見され、地方自治体の保健師や心理相談のサポートを受ける前に、親たちはネット上の情報を得て行動しているという変化が見てとれます。

2 児童発達支援事業所における二重の存在の親——「消費者」と「障害児の親」

前述のＬＩＴＡＬＩＣＯジュニアもそうですが、民間の児童発達支援事業には株式会社が運営しているところもあります。営利目的である以上、障害のある子どもの親たちは「消費者」、もしくは「大切な顧客」として位置づけられることになります。「今でしたら、特別に週2日のサービスを確約しますよ」と説明され、仮契約を勧められることはあっても、親の葛藤や苦悩にふれられることはほとんどありません。親たちもまた、心の奥深くに侵入されないこと、「障害児の親」というまなざしを向けられないことに、ある種の心地よさや安心感を得る場合もあるでしょう。

一方、専門療育機関や児童福祉法に位置づけられた児童発達支援センターでは、わが子の障害の認識や受容を求められたり、共同療育者としての指導を受けたりすることもあります。児童発達支援事業所は、子どもを家から、もしくは保育園からドアツードアで送迎しますが、専門療育機関では週1回程度は親も子どもと一緒に療育を受ける親子通園の形態をとっているところもあります。

しかしどちらのサービスでも、利用するためには市区町村に申請し、支給量を定めた「障害児通所受給者証」を取得する必要があります。市区町村の相談窓口で基本的生活習慣や発達の状況を詳しく聞き取られ、障害福祉のサービスの該当可否を値踏みされることになります。障害児通所受給者証の手続きについて初めて説明された親が、「うちの子どもは障害児なのか」「障害児と名のつく療育が必要なレベルなのか」と戸惑いや混乱にさらされることもあります。さらには、児童発達支援事業サービスの利用そのものをキャンセルする親も少なからずいると聞きます。ここで親たちは「大切な顧客」から「障害児の親」という存在になったことに直面させられることになります。十数年前にはなかった「大切な顧客」という立場と「障害児の親」という立場の二重の存在として扱われる矛盾したしくみの中でも、親たちが揺れ動いていることを理解することが必要でしょう。

その一方、障害児通所受給者証を、1割負担で安く療育を利用できる会員証のように捉え、割り切っているように見える親も存在します。児童発達支援センターの専門職や児童発達支援事業所の一部には、「今の親たちは昔と変わったのよ」「サービスを利用するためには手段は関係なし」と親たちの葛藤がなくなったように語る支援者もいます。このような捉え方は非常に一面的であると筆者は批判します。「イマドキの障害児の親」には苦悩や葛藤はないと思っている支援者には、親たちは自分の悲哀を語ることは絶対にないからです。ただの「顧客」や「消費者」として振る舞うことを選択するでしょう。民間事業の支援者もまた、「サービスの売り手」として、やっかいで時間がかかり、お金にならない親の障害認識や障害受容にはふれないまま、利潤追求という役割を果たしていきます。ビジネスの手法の一つとしての「児童発達支援事業」や「放課後等デイサービス」の経営を勧め、運営管理をサポートするコンサルティング会社まで出現しています。

9　これからの支援の方略

1 基本的な視点――根源的な不条理さ

親が「なぜ、うちの子が」という不条理な思いに駆られるのは、時代が変わっても、また、障害のある人々が数多くメディアに登場し、その存在を知っていても、変化しないものだと思います。少数派になることへの恐れなのかもしれません。筆者が行っている「保護者のためのこころのケア相談」のカウンセリングの中でも、「あっち側になるなんて思ってもみなかった」と、親自身のポジションが変わる体験を語る親は少なくありません。あるいはもっと明確に、「自分はアッパークラスでハイスペックな人間だったが、子どもが障害児ということになって、ミドルクラス、いやいや最下位に転落してしまった」と語る母親もいます。そして「こんなダメな自分になんて、きっと誰も会いたいと思わないだろう」と、まさに自己イメージと関係性は連動しているのです。

しかし、その葛藤がゆっくりと他者に受容される中で「障害のある子どもってわかっても、それでもみんな優しいし、助けてくれることがわかったから私もがんばろうと思えた、大丈夫」と変容していくことが可能です。ここを一度乗り越えた親は、次に起こる危機やストレスに遭遇しても、立ち戻る心の安全基地のような場所をもっているように感じます。

一方、苦悩を分かち合うことが難しい状況におかれている親たちも多く存在します。その一端は「逃避」のストーリーをたどる親たちですし、「境界」のストーリーである親の一部はメンタルヘルスの問題を抱えることもあります。

子どもを育てるということは、障害のあるなしにかかわらず、困難が生じたときには周囲の支援を受けながら、わが子に向き合うことが求められる営みだと思います。困難や葛藤に向き合わず、いったんそれにふたをして棚上げにすることは、子どもが小さな頃には可能かもしれません。しかし、その難しさは必ず時を経て、子どもによっては思春期に、あるいは成人になってから表面化することになります。親が親になること、わが子の難しさと向き合うこと、わが子だけの特別な愛らしさを見つけられること、それらを支援できることが児童発達支援にまず求められるものでしょう。児童発達支援も、特別な専門療育という以前に子育て支援の一環であるという認識をもつことが必要です。繰り返しになりますが、障害に対する認識や葛藤を「値踏み」しないことは当然のこととして、それにふれ、尊重し、支援することを欠落させてはならないと考えます。

2 傷つき――トラウマを抱えている存在として

障害のある子どもをもつ家族を、ケア役割の担い手や共同療育者として捉えるだけではなく、もう一つの新たな視点を提示したいと思います。それは、障害のある子どもの親、あるいはきょうだいは、多くの傷つきを経験してきた「トラウマを抱えている存在」であるという視点です。親は子どもを出産した医療機関、地域の保健センター、ママ友、幼稚園や保育所、そして学校という、子どもの育ちのプロセスにおいてさまざまな傷つき体験をしています。きょうだいもまた、同じ学校に所属している場合には、差別の対象としてのいじめを受ける場合もあるでしょう。

(1) 社会から

第１章で述べたように、時代の空気感は「望ましい子どもの姿」を求めており、その中で障害のある子どもの親は、それとは異なるわが子に不安や戸惑いを覚え、周囲のまなざしに冷たいものを感じます。その社会の空気感は、前述したように２０１３（平成25）年に登場した新型出生前診断でさらに強化されているでしょう。同年を含めた３年間のデータによれば、新型出生前診断の結果が陽性とされた94％のカップルが妊娠中絶という選択をしていました。障害のある子どもの「いのち」が軽視される世の中で、障害児の子育てをすること自体が社会から否定されているようで、障害児の親・きょうだいは傷つけられていると言えないでしょうか。

(2) 支援者・専門家から

１歳６か月健診の問診で指さしができずチェックされて、別室に案内されたときの屈辱的な思い。大学病院の専門外来の医師からわが子を「ダウンちゃん」と呼ばれて、きちんと名前があるのに障害名で呼称されたという憤り。明らかに自閉スペクトラム症を疑っているとわかる保健師の「こだわりはありませんか」という質問。子育て支援拠点での、支援者のどことなく来てほしくないような扱い。幼稚園の入園面接で「お宅のお子さんのような手のかかる子どもはうちでは預かれません、もっとふさわしい場所があります」と断られた悔しさなど、挙げればきりがないほど、親たちは多くの経験をしてきています。専門家や支援者は悪気があってのことではなく、必要な療育支援につながるように意図してそのような言動をするのでしょう。しかしそれは、ある意味「正しさ」を突きつけるものです。それゆえに、親の傷つきや葛藤は気づかれず、手当てされないまま置き去りにされている状況にあるのです。

(3) 地域コミュニティ・ママ友から

ママ友のグループLINEで「1歳6か月健診でチェックされたの。2歳になったら保健師さんが家庭訪問に来るんだ」とメッセージを送ると、そのグループからブロックされて省かれたというエピソードはまれではありません。また、児童発達支援センターの通園バスのバスポイントで待っていると、「あのバス、どこの幼稚園？ 聞いたことないよね」などと、小さな声で揶揄《やゆ》されることもあります。夏休みのラジオ体操の参加の折には、一人で登校できる小学生であっても、「必ず保護者同伴で来てください」と子ども会の役員から念押しされたというエピソードもあります。

(4) わが子から——親としてのアイデンティティの揺らぎ

自閉スペクトラム症の子どもをもつ母親は、子どもから親として求められないことに深く傷つく場合があります。それはつまり、母親というアイデンティティや自己イメージを有することができない苦しみです。ある母親の語りを紹介します（一瀬 2012）。

> 暖簾《のれん》に腕押し、張り合いがない、それがすごく悲しくて寂しくて
> 1歳になって、1歳になるとやれることが増えてくるじゃないですか
> 立っちできるようになるとか、ちゃんと人を後追いするとか、そういう張り合い
> 私は母親なのねって、という気持ち、求められるというか
> 産んだだけじゃ母親になれるわけじゃないから
> 産んだだけで、今、まだ産みっぱなし

また、子どもの奇声やパニックなどを感覚的・生理的に受け容れられず、それでもがんばって対応する中で親の心が疲弊し、オーバーフローになることもしばしばあります。子どもの声が親の心をズタズタにするのです。

3 保護者支援の転換を――共同療育者から親のライフヒストリーへ

前節でみたように、親は子どもを出産した医療機関、地域の保健センター、ママ友、幼稚園や保育所、そして小学校と子どもの育ちのプロセスにおいてさまざまな傷つき体験をしていま

す。また、子育てという営みは、自分の子ども時代を追認する作業でもあるため、原家族との関係についても念頭におく必要があります。わが子に障害があるという出来事は、それ以前の人生における過去の解決されていない問題を再燃させる可能性があることも前節でみてきました。

また、子どもの出生以後の壮絶な体験やそれらに関連して起こる感情を誰にも手当てされないままであることが、メンタルヘルスに負の影響を与えることも明確になっています。メンタルヘルスサポートには現在の生活における家族や所属集団での「生きづらさ」だけではなく、過去からのさまざまな「傷つき体験」へのケアという視点が必要でしょう。改めて強調したいのは、「現在」という枠組みだけではなく障害のある子どもの親の「ライフヒストリー」という視点です。

この10年余りで保護者支援の重要性が認識されてきましたが、保護者支援＝ペアレント・トレーニングと捉える風潮が強まっていると感じます。ペアレント・トレーニングの主眼は親を共同療育者として育成することであり、メンタルヘルス支援には直結しないことが明らかになってきています。子どもに養育困難があるにもかかわらず、良好に子育てに適応するプロセス、すなわち養育レジリエンスの観点から詳細に説明すると、ペアレント・トレーニングで子どもの障害についての特徴理解が進むと、子どもへの不適切な行動は軽減します。一方、子育てに対する幸福感や親としてのアイデンティティが明確になることによって抑うつ傾向が低くなり、つまりはメンタルヘルスに直接寄与することになります。ペアレント・トレーニングのような、子どもの障害理解に基づく対応を中心とする支援と、子育ての幸福感や母親としてのアイデンティティという親自身の感情そのものへの支援とでは、効果が異なることを改めて認識することが重要です。

加えて、「なぜ、自分に障害のある子どもが生まれたのか」という根源的な問いを親が自分の人生に意味づけられることが、メンタルヘルスに寄与するということがわかってきました。先に述べたメンタルヘルスの危機のプロセスは、障害のある子どもが出現する前の過去のトラウマを想起させるという知見もふまえ、保護者支援の中に親が「自分自身の人生を語る場」をメンタルヘルス支援として位置づけることを提案します。

これは、特別なカウンセリングという場だけで行われるものではありません。朝夕の送り迎えの際や、ちょっとした立ち話でも、親たちに「障害児の親」として接するのではなく、「一人の人間」として、いま心地よいか、ハッピーな気分か、それとも少し疲れているかなというまなざしで付き合っていくことから始められることです。難しいことではありません。最終的には、情緒的な分かち合いを受けながら、親が自分自身で人生の物語を再構築することが重要だと思います。きょうだいへの支援の視点もまた同様でしょう。

4 支援者自身の価値観を振り返る

最後に、社会、そして障害のある子どもや家族にかかわる支援者のもつ価値観や言説について考えていきましょう。社会はマクロレベルですし、支援者はミクロレベルになりますが、一緒に検討していきます。

筆者がある児童発達支援センターでコンサルテーションを行った際のエピソードを紹介します。児童発達支援センターの通園部門の担任から、中度の知的障害のある5歳児の母親とのやりとりについて質問がありました。

子どもが新たにできるようになったこと、たとえば「2語文になりましたね」とか、「お箸を3点支持で持てるようになりましたね」と伝えると、お母さまはうれしそうな表情になるのですが、それは一瞬ですぐに消えて、暗い表情になり黙ってしまいます。できることを褒めるという親への対応は間違っているのでしょうか。どのようにこの親御さんとかかわっていけばよいのでしょうか。

この母親はどうして暗い表情になったのでしょうか。また、この担任ができるようになったことを褒めるという対応の背景には、どんな考え方や価値観があるのでしょうか。

その答えを端的に言えば、「発達することは『善』である」という考え方や価値観が親にも支援者にも根底にあるということでしょう。できなかったことができるようになることは、それは無自覚に意識もせず「良いこと」と私たちは思っているでしょう。「這えば立て、立てば歩め」という言葉が象徴しているように、より高く、よりたくさん、より複雑にできるといった成長や発達は、望ましいことと考えられています。その発達という考え方や発達心理学の尺度は誰も疑うことなく使っていますし、この母親もそうでしょう。

けれども少し観点を変えてみると、5歳児で2語文が話すことができるようになったと伝えることは、「あなたのお子さんは2歳前後の発達段階にあります」と宣告することでもあります。母親の心の内では、「うちの子にとっては新たにできたことかもしれないけど、実年齢は5歳なのだから、3歳分もの開きがあるのか。そんなに大きな違いがあって、いつになったら追いつくのだろうか。追いつくことはないんだろうな」という思いになっているのではないでしょうか。

障害のある子どもやその家族と「発達することは『善』である」という価値観だけでかかわることで、「あなたは劣っているのだ」というメッセージを与えつづけていることになるかもしれません。この母親もそれを感じ取ったのではないでしょうか。

筆者が提案するのは「価値の増殖」です。発達心理学の尺度を否定するのではなく、人をみる視点や魅力に感じる点など、他のたくさんのものさしを提供することが必要だと考えています。このコンサルテーションの中で、このお子さんの「美徳とか、素敵だな、ここが愛らしいな」という観点で列挙することを提案してみました。すると、この子どもの担当作業療法士が「いつも訓練室に入ってくるときに素晴らしい笑顔で走ってきて、私のことをぎゅーって抱きしめてくれるんです。そうしてもらえると、私はこの子に愛されているんだな、好きでいてくれるんだなと、とてもうれしい気持ちになるんです」と発言してくれました。

発達というものさしでは測ることはできない、「好きな気持ちを伝えることが上手」という魅力を、この子どもにかかわる医師、心理士、作業療法士、クラス担任である保育士・児童指導員、ソーシャルワーカーというチームで確認することができました。発達という視点と合わせて、それ以外のものさしも開発することが重要なのではないでしょうか。できれば優劣や量などでは測れない、「好きな気持ちを伝える」というような価値をよりたくさん創出することが大切だと思います。これは障害のあるなしにかかわらず、すべての子どもの育ちに必要なことでしょう。

〔引用・参考文献〕
一瀬早百合（２０１１）「障害のある乳幼児をもつ母親の変容プロセス――早期の段階における4つのストーリー」『社会福祉学』第52巻2号、67－79頁
一瀬早百合（２０１２）『障害のある乳幼児と母親たち――その変容プロセス』生活書院
一瀬早百合（２０１６）「障害のある子どもをもつ親のメンタルヘルスの実態――『保護者のためのこころのケア相談』における語りの分析から」『田園調布学園大学紀要』第10号、１９９－２１

0頁
一瀬早百合（２０２０）「発達障害の子どもを抱える家族の支援――親の『障害受容』のプロセスに寄り添う」『世界の児童と母性』第87号、39－43頁
一瀬早百合（２０２２）『社会福祉とわたしたち』萌文書林
一瀬早百合・中川正俊（２０１８）「障害のある子どもをもつ親へのメンタルヘルス支援――児童発達支援センターにおける乳幼児期の親に着目して」『社会福祉』第58号、15－26頁
上田敏（２００２）「国際障害分類初版（ＩＣＩＤＨ）から国際生活機能分類（ＩＣＦ）へ――改定の経過・趣旨・内容・特徴」『ノーマライゼーション』第22巻6号、９－14頁
佐々木正美（１９９４）「障害児・者の家族援助――ＴＥＡＣＣＨのプログラム・モデル」『母子保健情報』第30号、24－29頁
野邑健二・金子一史・本城秀次ほか（２０１０）「高機能広汎性発達障害児の母親の抑うつについて」『小児の精神と神経』第50巻3号、２５９－２６７頁
原仁（研究代表者）（２００８）『障害児の親のメンタルヘルスに関する研究――うつ状態の早期発見と家族支援　報告書』平成19年度独立行政法人福祉医療機構「子育て支援基金」助成事業、社団法人日本発達障害福祉連盟
原仁（研究代表者）（２００９）『障害児の親のメンタルヘルスに関する研究――うつ状態の早期発見と家族支援　報告書』平成20年度独立行政法人福祉医療機構「子育て支援基金」助成事業、社団法人日本発達障害福祉連盟
原仁（研究代表者）（２０１０ａ）『障害児の親のメンタルヘルスに関する研究――うつ状態の早期発見と家族支援　報告書』平成21年度独立行政法人福祉医療機構「子育て支援基金」助成事業、社団法人日本発達障害福祉連盟

原仁（２０１０b）『障害児の親のメンタルヘルス関する支援マニュアル――子ども支援は親支援から』社団法人日本発達障害福祉連盟

福井公子（２０１３）『障害のある子の親である私たち――その解き放ちのために』生活書院

細川徹・本間博彰（２００２）「わが国における障害児虐待の実態とその特徴」『平成13年度厚生科学研究費補助金（子ども家庭総合研究事業）「乳幼児期の虐待防止および育児不安の母親の支援を目的とした母子保健に関する研究」分担研究報告書』３８２－３９０頁

山根隆宏（２０１５）「自閉症スペクトラム児をもつ親におけるインターネット上の援助要請に関する研究⑴」日本心理臨床学会第34回秋期大会講演集

Japan International Cooperation Agency（JICA）& Japan League on Developmental Disabilities（JLDD）（2007）*Report: multi site study on depression of mothers of the children with intellectual disabilities and/or autism: follow-up program conducted by the graduates of the group training course on intellectual disabilities.* Tokyo: JICA & JLDD.

World Health Organization（WHO）（2001）*International Classification of Functioning, Disability and Health (ICF).*

第7章

親を理解するアセスメントの視点

アセスメントとは、評価、見立てという意味で用いられることが子育て支援分野では多いでしょう。この章ではアセスメントの理論的な定義よりも、実践や臨床ですぐに使用できる考え方や視点を紹介していきたいと思います。

アセスメントは支援のプランニングや信頼関係を構築するためになされるものです。相手の大切な個人情報やプライバシーを聞くわけですから、明確な目的があることが必要になります。支援者の興味本位での情報収集は避けなければなりません。

1　アセスメントの3つの軸

ケースに初めて出会うとき、支援者は瞬時に複数の判断をしていることと思います。序章で述べたように、人間は多次元の環境の中で生きており、それぞれの次元からさまざまな影響を受けて、その人自身も暮らしも成り立っています。図7-1で示すように、個人、関係、社会的背景という3つの軸でのケースを理解し、アセスメントしていくことを提案します。

1　個人に関すること

(1) 信頼関係

重要なポイントは相談や支援を進めていくに際して、まずはクライアントが**支援者との信頼関係がもてるかどうかを判断すること**が必要です。信頼関係の構築にはクライアントのパーソナリティや能力が強い影響を与えます。それを念頭におきながらも、まずは出来事や事実という事象だけでなく、気持ちや感情という情緒的なことに関するコミュニケーションがとれるかの確認は重要です。言い換えれば、**オープンマインドの程度や対人関係の距離感**を把握することになります。感情を表明することが苦手、もしくは避けているクライアントに気持ちを尋ねる質問をしても、相手を困らせるだけでディスコミュニケーションとなり、話が進展していきません。

⑵ 信念・価値観

子育て支援の場では、親の「子育ての流儀」や「子ども観」を多少なりとも把握できるとよいと思います。子どもの意思を尊重し自由にのびのびと育てたいのか、あるいは挨拶がきちんとできお行儀よい素直な子どもにしたいのかによって、子どもとの相性や子育てのストレス度合いは異なります。また、クライアントの価値観によって支援者に期待するものが変わります。正しさや的確な助言を求めるのか、優しさや受容されることを望むのか、やや抽象的に聞こえるかもしれませんが、クライアントの人生における優先順位を知ることが必要です。

⑶ パーソナリティ

人格や性格のことを指しますが、そのすべてを把握することは困難ですし、必要もありません。むしろ、クライアントの自己やアイデンティティが保持されているかを知ることが重要で

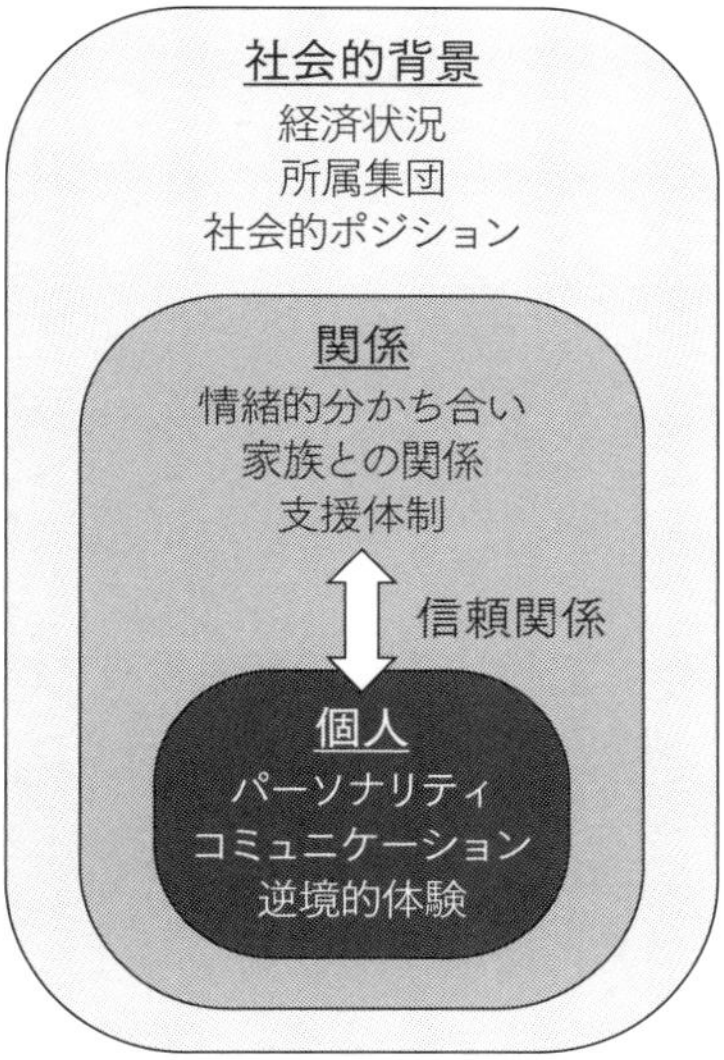

図 7-1　アセスメントの３つの軸

す。自分自身の価値基準で選択できるかが一つのポイントです。「〇〇したら、周りからどう見られるか」ばかりに気をとられている場合は、自己感が弱い可能性があります。他人の目を重視して言動や考え方を選択しているので、自分自身で決定したという感覚が薄く、満足感が得られません。また、自分自身の状況を振り返るときに、第1章で述べた世間の発信する「幸福モデル」との差異ばかりに目が向く場合も、自己の土台が弱いかもしれません。アイデンティティや自尊心が弱い場合には身の周りで流通している価値観、つまりは「幸福モデル」をなぞろうとして生きづらさが強まるともいわれています。逆に、自己の価値基準をもち、それに沿って選択決定している人は、たとえ失敗しても揺らぐことが少ないでしょう。

加えて、⑵の信念や価値観から影響を受ける考え方の「癖」や、物事を選択する際の優先順位のつけ方も理解できるとよいでしょう。

⑷ 能力

知能指数を把握することではなく、子育て支援の場面では大きく分けて2つの能力を把握できるとよいでしょう。一つは養育能力とそれに関連する家事能力です。これには何が平均というものがありませんし、時代とともに変化していくものです。そのためアセスメントの際には、キャリアがある支援者ほど注意をしながら時代とのメモリ合わせをすることが必要です。週3～4回コンビニエンスストアのお弁当を子どもに食べさせる親を、養育能力が低いと判断しますか。それとも子どもにきちんと食事を与えられる、まあまあがんばっている親と感じるでしょうか。これは子どもの心身の状態と関連づけて考えることが必要です。コンビニ弁当ばかり食べさせる養育能力の低い親と、簡単に決めつけてはいけないでしょう。加えて、家事や育児を器用にこなせるかといった能力の程度によっても、生活上のストレスの度合いは異なります。

もう一つは、コミュニケーションにおける抽象度の理解のレベルです。抽象的な概念やイメージで伝えた方がよいことがらであっても、その理解が難しい場合には具体的な例を提示する必要があります。余談になりますが、実践の現場で「あの親は、やや能力が低いよね」という言葉を耳にすることがありますが、決めつけだけに終わってはアセスメントの目的が達成されません。能力が低いと判断したならば、それに応じた対応方法をきちんと考える必要があります。

⑸ 逆境的体験

アタッチメントの章でふれましたが、小児期の逆境的体験は生涯にわたり負の影響を与えることがわかっています。逆境的小児期体験は身体的問題に加え、うつ病、アルコール依存症、自殺企図などを増加させます。障害のある子どもの親へのカウンセリングをする筆者の実感では、逆境的体験をしてきた親が増えてきていると思います。児童虐待と判断されないまでも、マルトリートメントに近い親子関係や学校でのいじめ、それに関わる不登校体験、思春期以降のデートＤＶなど、自尊心を深く傷つけられる経験をしています。その影響により自己肯定感が低下し、周囲の人が向ける態度や言葉に敏感になり、生きづらさを抱えやすい状況になります。

⑹ 趣味や嗜好

これはクライアントを「一人の人間」として見るための視点を提示したものです。子育て支援の臨床場面では、人間の「親」という役割や側面を焦点化してしまいがちです。親である前に一人の人間として、どんなことに興味があるのか、何が好きなのかということにも目を向けてみてください。ソーシャルワークでは「全体としての人間」という表現をします。それが相手の尊厳を尊重することにつながると考えています。

⑴～⑹はすべて複雑に絡み合っており、それぞれが相互に影響を与え合っているものです。逆境的体験がパーソナリティや信念に影響を与え、信頼関係の構築を難しくすることもあるでしょうし、持って生まれた能力を十分にアウトプットできないことにもつながるでしょう。また自己感の低さにより趣味や嗜好を考えられない状況にも陥ります。これとは逆にすべてが好循環し、日々安定した充足感のある暮らしができる場合もあります。

2 関係性について

人間にとって「重要な他者」となる存在は大切です。クライアントにそのような存在がいるか否かを把握することが重要です。そして、その重要な他者と「情緒的な分かち合い」ができるかが大切なポイントです。なぜなら、自己と他者との関係は循環しており、**1**でみた信頼関係の構築や自尊心と分かちがたい相関があるからです。また別の視点では、家族関係における力関係や特別なストレスにも着目する必要があります。

⑴ 夫婦関係

片働き、共働きという就労状況や経済的なバランスの把握をしながらも、互いに対等に尊重できているかどうかを確認しましょう。収入や実家からの援助などの経済的な上下関係が夫婦のパワーバランスに影響を与えることもありますが、役割分担がしっかりなされて安定した夫婦関係を保持しているケースも多々あります。重要なことを相談できる関係か、意見の折り合いが相互にできるかがポイントになります。

⑵ 子どもとの関係

わが子とアタッチメント関係にあるかをまず把握しましょう。第5章でみたように、くっつきたいからくっつくという生得的な欲求を感じ、親から抱きつくという行動があり、子から親にも同様な行為があるかという視点になります。子どもの年齢によっては必ずしも、身体的接触を伴うものではないかもしれません。自閉スペクトラム症の場合には、子からのアタッチメント行動がなく、親がストレスを感じたり、親としてのアイデンティティをもちにくい場合がありあます。逆に子どもの奇声や乱暴な言動に親が子どもへのアタッチメントをもてない場合もあります。どちらにしても親と子の間でアタッチメントを形成しにくい場合には、そのことによる自己への影響を検討する必要があります。

⑶ 原家族との関係

大人になるまでの関係と、実家から独立した現在の関係との2つに分けて把握するのがよいでしょう。子ども時代に実家の親からひどく傷つけられた経験、親との間での逆境体験（病気や離婚など）の有無です。それが大人になった現在に影響を与え、実家とは距離をとっている関係もあります。一方、大人になる過程で問題を解決していたり、配偶者という新たな重要な他者の存在により、安定した関係になることもあります。生育歴に親との課題を抱えていない場合は、現在も実家の親が「重要な他者」となるケースも多くあります。

⑷ 友人や地域近隣

子育てをしている時期は多忙であり、頻繁に友人との時間がとれないことが多いでしょう。しかし、タイムラグがあってもいざというときに相談ができ、情緒的な分かち合いができる関係性を保持しているかを把握しましょう。また、近隣関係においては、日常的に「おはようございます」「寒くなってきましたね」などのなにげない挨拶をする関係の有無なども確認できるとよいでしょう。季節の挨拶程度のコミュニケーションができる関係も、生きていくには大切な要素になります。

(5) 所属集団でのポジション

仕事上の組織や子どもの保育所や学校の親集団の中で、親がどのような役割を担っているかという視点です。これは、家族以外の場、子育てしている親の立場とは別の環境で問題を抱えていないかを確認するためです。

関係のアセスメントでは、ＳＯＳが出せる関係やいざというときに助けてくれる関係、支援のネットワークがどれだけあるかが重要なポイントです。それがあると信じていられる自己であるからこそ、多少のことがあっても、日々の暮らしを安定した気持ちで送れることになるのです。

3 社会的な背景

これはクライアントがおかれている環境を把握するためのアセスメントの視点です。相手の生活実態をより正しく、深く理解することはコミュニケーションを円滑にします。その結果、支援者との信頼関係を構築することに寄与するでしょう。

(1) 経済状態

具体的な年収や、持ち家か賃貸かといった資産の確認が目的ではありません。経済状況についての情報から、クライアントの暮らしぶりを把握することが大切です。年収が２０００万程度であれば、夏休みには海外バカンスに出かけるかもしれませんし、その話題が出ることを予測して支援者は準備することができます。あるいは、地方税が非課税の世帯に対しては、量販店で扱う商品のトレンド情報をもっていると、アイスブレークの話題にできるかもしれません。経済的なゆとり、あるいは逼迫《ひっぱく》が、自己感に影響を与えることにも留意しておくとよいでしょう。

(2) 社会的階層や所属集団

どのようなコミュニティに属しているかによって、生活スタイルや話題の中心となることが異なります。ある集団では、政治や株価について熱心に議論されることがあります。また別の集団では、最新のゲームの攻略方法についてSNS上のコミュニティで情報交換が活発になされているでしょう。また別のグループでは有機肥料で作った野菜の安全性について確認しています。現代社会では必ずしも経済的な豊かさである社会的階層と所属集団が一致するとは限りません。何に興味があり、どのような語彙で会話をしているかを把握しておくと、支援者もそれに合わせてコミュニケーションすることができます。

(3) 地域性や居住環境

コミュニティの一つとして地域が挙げられます。古くからある街がそのまま現存し、伝統的な地域のお祭りが100年以上続く地域と、大手ディベロッパーが広大な土地を買い上げ、新たに高層マンションを建てたエリアでは、人間関係のもち方に違いがあることが想像されます。

前者は人との関係の凝集性が高くなり、相互に介入する深い人間関係があるでしょう。後者は、必要以上のコミュニケーションをとらないことが良しとされ、「暑いですね」などの時候の会話も避けられるかもしれません。凝集性の高い集団の方が自殺率が低いことは、すでに研究から明らかとなっています。人間は住まう地域から大きな影響を受けて生きていることがわかります。

ここまでみてきた個人、関係、社会的背景という3つの軸に加えて、子育て支援の現場であれば、子どもの発達課題やアタッチメントの様相も合わせて把握することが求められます。改めてアセスメントの目的を端的に言えば、信頼関係を構築し、相手を正しく理解し、それに応じた支援をすることです。相手の土俵に乗ってコミュニケーションをとらなければ、信頼はされませんし、心の内を話してもらえないでしょう。

また、人間は自分が世界について理解している量と質でしか、相手を理解することができないという真実を、支援者は自覚しなければなりません。筆者が気をつけているのは、日本以外にルーツをもつ親の相談です。２０２２（令和４）年には日本に暮らす外国人が人口の２・４％を占め、今後さらに増加する予測が示されています（木内 ２０２３）。日本では子どもを叩くことは身体的虐待と判断されますが、他の文化の子育てでは、親が子どもに絶対的な服従を求めて叩くことが許容されているところもあります。また、欧米では生後間もない子どもであっても自立心を育むために別室で寝かせ、どんなに泣いても応じないという習慣があります。日本の知識や価値観で判断する行為は、自分の理解している量と質の範囲だけを根拠にしているに過ぎません。クライアントに対応する前に、相手のルーツやそのエリアの文化や子育て観を丁寧に学ぶ必要がありますね。

2　相談援助の場で求められる2つの視点

クライアントに出会うときに筆者が大切にしているのは、シンプルに次の２つの視点です。一つ目はライフヒストリーという現在に至る過去からの歴史です。たとえば35歳の母親だとすれば、35年間の人生をどのように送ってきたかを想像することです。子育て支援の場であれば、子どもの年齢と関連づけて理解をします。二つ目は現在《いま》まさにオンタイムにおける人間関係です。これは前節「❷関係性について」でお伝えしました。

❶ ライフヒストリーから

おおざっぱにいくつかの時期に分けて想像するとよいでしょう。

(1) 乳幼児期　父母などの養育者や家族との関係、どんな子どもだったかという自己イメージ。

(2)学童期　前述に加え、楽しい学校生活であったか、何に興味があったか、先生や友人との関係について。

(3)中学・高校期　上記に加え、クラブ活動、仲間関係、いじめの有無、教師との信頼関係、将来の職業選択に向けて。

(4)18歳以降の青年期　大学生活での専攻、仕事の内容や満足度、実家からの自立、親密な人間関係。

(5)結婚・妊娠に至る経過　パートナー選択の判断、心境の変化、妊娠までの経緯（子どもをもつという人生選択の有無、パートナーとの合意等）。

(6)妊娠から現在まで　子どものイベントに着目する。

- 自然妊娠か、生殖補助医療を用いての妊娠か
- 妊娠中の健康状況
- 仕事の継続についての考え
- 分娩時の母と子ども状況
- 出生０日から３か月頃までの親の生活状況（睡眠はとれたか、周囲のサポート体制は、感情の大きな変化は）
- ４か月健診やそれ以降の子育て支援者（地域子育て拠点事業）などとのかかわりや、他児やその親とのつながり

・(仕事復帰する場合) 保育所探し、生活設計
・1歳6か月健診　子どもの保育園とのかかわりや支援
・3歳児健診、七五三のお祝い

相談者の子どもの年齢によっては、さらに就学やその先まで続いていきます。また、子どもが複数いる場合には、それぞれの子どもの妊娠や出産なども加味して確認することが必要です。

ここに挙げたすべてのことを聞くということではなく、相手を深く理解しようとするためにイメージを描くことが大切です。子どもにかかわる臨床の場では、(5)もしくは(6)の妊娠からの時期に焦点化されることが多いですし、(6)の子どもの育ちの経過については、丁寧な聞き取りが面接を通して行われるでしょう。その際には、事実や出来事について確認していきますが、それに伴う感情や認識に着目することが重要です。

たとえば、1歳6か月健診の様子を面接で確認すると、「保健師さんから『指差しがしっかりしていないし、言葉もゆっくりだから、2歳頃に家庭訪問に行きます』と言われました」と母親が答えます。この発言は事実や出来事に該当します。そこで支援者が「保健師さんからそう言われたとき、びっくりしましたか、どんな風に感じられましたか」と尋ねれば、感情や認識に焦点を当てることができます。するとクライアントは、「この支援者は私の気持ちに寄り添ってくれる存在なんだ」と安心し、経過を尋ねるインテーク面接において信頼関係が芽生え

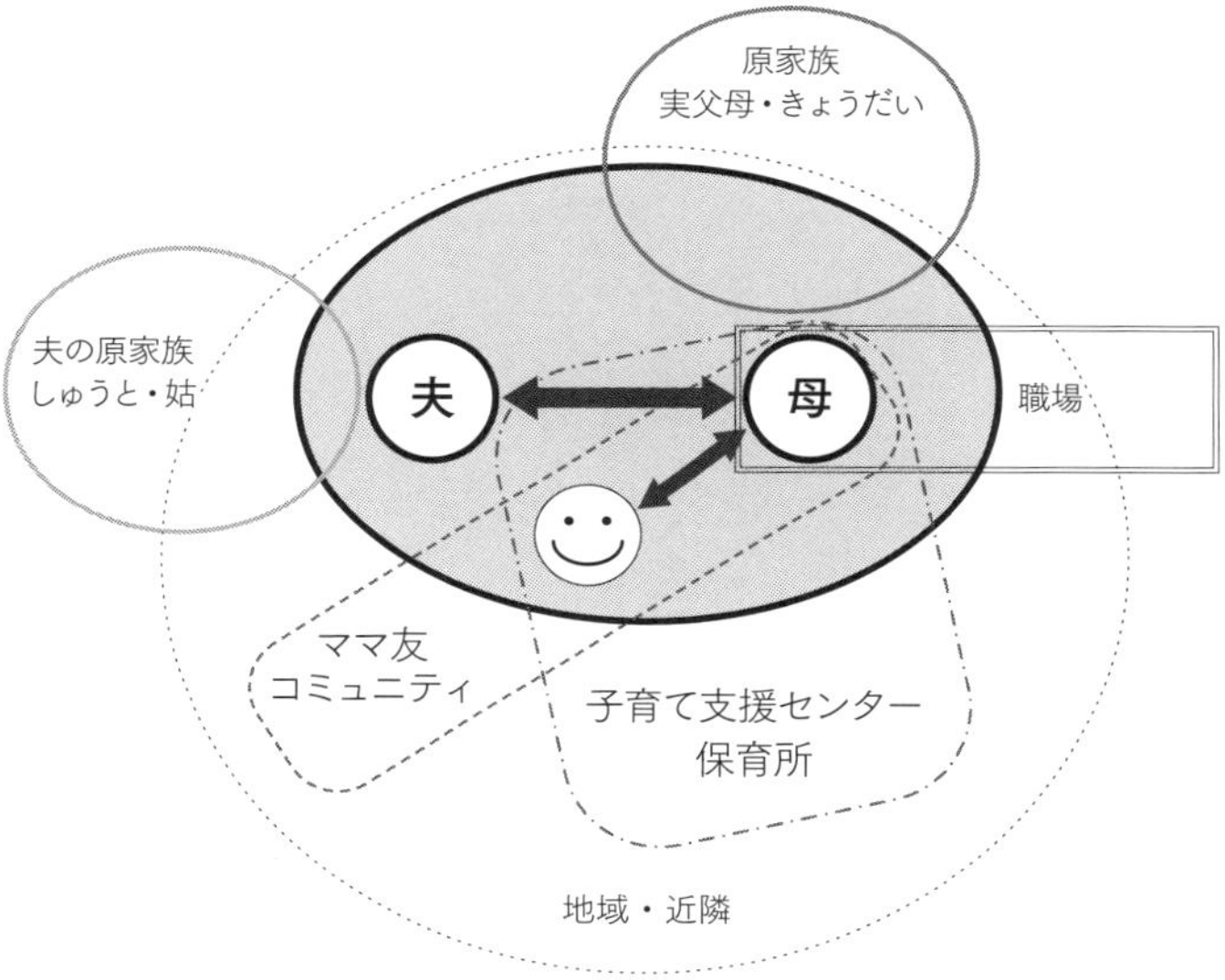

図 7-2　関係性からみた母親の存在

るでしょう。さらに言えば母親としてだけでなく、一人の人間として扱っているというメッセージとなり、相談援助の土台となる価値「人間の尊厳」を尊重する支援となります。

2 関係性から

前節で述べたことを、ここでは母親を相談対象者と想定して図で示しましょう。

図７-２のとおり、母親は幾重《いくえ》もの集団やコミュニティに属し、血縁から非血縁、フォーマルからインフォーマルまでさまざまな関係性をもつケースもあります。母親個人のものと、子育て支援という子どもを介在するものという分類もできます。一方、関係性

が子どものみという孤立した関係性におかれる場合もあります。関係性が多ければサポートを受けられる可能性は広がりますが、関係を維持するストレスも一方では生じるかもしれません。関係の数、そして内容から、クライアントの課題を把握することができるはずです。

繰り返しになりますが、支援者自身のもっている知識でしか、相手をアセスメントすることができないことを肝に銘じて、研鑽や学びつづける姿勢が大切です。その基盤が専門職・プロフェッショナルとしての誇りをもつことにつながっています。

［引用・参考文献］

木内登英（2023）「『外国人1割社会』で日本経済は再生できるか?」ナレッジ・インサイト（https://www.nri.com/jp/knowledge/blog/lst/2023/fis/kiuchi/0626）（出入国在留管理庁のデータによる）

杉山春（2017）『児童虐待から考える――社会は家族に何を強いてきたか』朝日新書

第8章

相談援助の方法

これまでの章で、現代社会における子育ての苦しさ、親と子の愛着、障害のある子どもをもつ親の葛藤の問題を考えてきました。この章では、そのような困難を抱える親を支援するに際して必要な技術や基本的姿勢をお伝えしたいと思います。技術といっても具体的なハウツーを教えるのではありません。支援される側の親も支援する側の私たちも多様な人間であり、その組み合わせによる相性もあります。たとえば、子育て支援者の山田さんが言った台詞《せりふ》がある母親の心を動かし、深い信頼関係ができたとしても、別の子育て支援者の佐藤さんが同じ台詞を言ったら、怒りを招く場合もあります。それぞれの現場で、場面で、一人ひとりの支援者が自分自身をよく知った上で相手の心情や状況に合わせて、自ら応用して考えるための原理原則を学んでいただきたいと思います。

また、カウンセリングと異なる相談援助の特徴としては、人々の心にアプローチし、内省を促し、自己変革をするだけではなく、生活上の課題を具体的な社会資源の利用を通して解決することにあります。

相談や支援をする際に何より重要なのは、相手が「私のことを大切に思っていてくれる」と感じられることだと思います。そのような思いになることで信頼関係が構築され、やっかいにみえた事態も徐々に動いていくことがよくあります。逆に、援助者に「尊重されていない」「数多くの一人としてしか見られていない」と親が感じていれば、本心を語ってくれることはなく、援助者は本当の問題が何かもわからず、堂々めぐりの時間が費やされることになるでしょう。相談に来たにもかかわらず、相手のエネルギーを奪い、パワーレスの状態にさせることになりかねません。

1 相談援助の構成要素

相談援助は、図8-1に示すように価値・知識・技術という3つから構成されています。どれ一つ欠けても、それは相談援助とは呼ぶことができません。巧みなコミュニケーション技術を身につけても、相談援助の土台には価値が不可欠です。たとえわが子に虐待をしてしまう親やどんなに困難な状態の人であっても、その人に人間の尊厳を見出すことができるかが援助者には問われます。

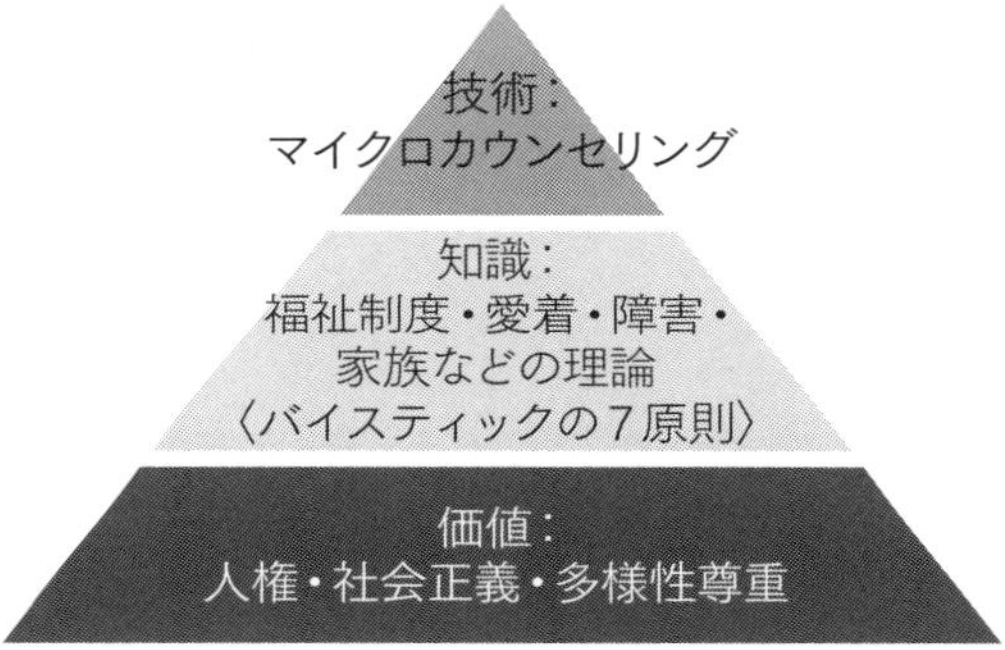

図 8-1　ソーシャルワークの構成要素

ソーシャルワークにはストレングス視点という見方があり、どんな人間にも「強み」があります。約束した時間に相談に来るということは、当たり前のことのように思うかもしれません。しかし、少し視点を変えれば、「約束を守ることができる」「相談しようという気持ちをもっている」「その気持ちを行動化できる」という強さがある人間であると捉えることもできるでしょう。

1 価値

価値とは、人間が人間として生きるための基本的に守られるべき原理・原則です。ソーシャルワークの国際定義（ＩＦＳＷ〈国際ソーシャルワーカー連盟〉およびＩＡＳＳＷ〈国際ソーシャルワーク学校連盟〉、２０１４年採択）から相談援助の基本理念を考えてみましょう。

(1) 人権

人間は一人ひとり固有である唯一無二の存在ですので、人間として生まれただけでその尊厳は守られる必要があり、人権を有しています。

また、これは人間尊重とも表現できます。どのような人でも、ただ人間であることによって尊重すべきであるというものです。子どもを殴り、罵倒をあびせる母親に対しても、犯罪者に対しても、まずは相手を大切に思うことが求められます。どんな人間でも誰もが「唯一無二」の存在で、誰もその人の代わりになれる人はいない、だからこそかけがえのない存在であると考えられるでしょう。あなたの代わりには誰もなれないでしょう、それと同じことです。

人間尊重を土台とするために、相手を自分の延長線にいる存在と考えられる想像力も必要だと思います。今日にも交通事故に遭遇し障害をもつ可能性は、私たちすべてにあるはずです。それなのに障害者と自分は全く別の存在として捉えている人が多いのは不思議です。また、支援者が、どんな人間も変わっていけるという「変化の可能性」を信念にもつことも重要です。

(2) 社会正義

人権が守られるためには、人間が暮らす環境である社会に正義が必要です。戦争や紛争の中では、命が守られません。また、非正規雇用の労働者を増やし、一部の資本家だけが莫大な利益を独占し、貧困者が増大しているのも、社会正義からみれば是正すべきことです。

私たちは時に、障害のある人々に対して同情し、児童虐待をする親を非難する気持ちをもつことがあるでしょう。しかし、そのような思いはどこから来ているのでしょうか。そのような思いは当事者に対して向けられ、彼らをいっそう苦しめることになります。たとえば、脳性麻痺の子どもをもつ母親が「歩けない人間なんて価値がない」と言うことは、社会のもつ「障害者差別」という価値観の反映であると考えられます。また、児童虐待をする母親を「人間失格」と決めつけるのではなく、そうさせてしまった社会のしくみやサポート体制の不十分さから虐待が生じていないかと考えることが必要です。生きづらさの問題と直面したときに個人に責任を帰すのではなく、社会の側から点検することが求められるのです。

⑶多様性尊重

多様性尊重は私たちに身近な理念でしょう。障害のある人やＬＧＢＴＱｓの人々のさまざまな生き方をお互いに尊重することで、幸福な関係が生まれることになります。

子育て支援の現場でもグローバル化が進んでいます。日本では間違った習慣とされていることも、他国の伝統や文化では正しいとされることが数多くあるでしょう。その逆もしかりです。たとえば、インドでは食事のとき手づかみで口に入れて食べるのは当然のことですが、日本では３歳を過ぎて手づかみで食べていると、お行儀が悪いとしつけられます。他にも、イスラム教徒の女性は髪の毛や肌を隠す装いをしています。これを先進国の一部で女性差別であると非難する人もいますが、イスラム教徒の当事者はコーランの教えを守り、信仰への忠誠心を表していると考えています。それぞれの文化や伝統、宗教や志向などについて、お互いがお互いを尊重することが目指されています。

2 知識

価値を土台とした知識については、以下の4点に整理できます。

(1) 環境としての社会を理解する知識 ―― 社会のしくみ、社会現象、その背景、一般常識やモラル、一般教養を含む

ソーシャルワークでは、人間を多次元に存在するという視点で捉えます。人間は真空管の中で生きているわけではありません。社会環境から大きな影響を受けて暮らしています。経済のしくみや、社会的言説といわれる現代の価値観なども知っておく必要があるでしょう。

(2) 対象者を深く理解する知識 ―― 発達や障害、家族の役割機能、家族システム、愛着理論など、対象喪失の感情や経済的貧困に陥るプロセス

対象分野によって求められる知識は異なりますが、療育分野であれば、障害の医学的な知識や、障害のある子どもをもつ親の心理などを習得しておくのが前提です。児童相談所のような児童虐待を専門とするのであれば、愛着理論などの学びが必須です。

(3) 援助実践を支える専門技術に関する知識 ―― ソーシャルワークや相談援助の技術

相談援助技術について、まずは知識として獲得する必要があります。その上で援助者としての技法や技術を身につけることができます。悲嘆にくれている人、世の中を信じられない人、親から虐待を受けてきた人、いじめを受け教師からさえも守られてこなかった人、失業して貧困に陥っている人、さまざまな状況の中で傷ついている人とどのようにコミュニケーションを

とるのか、この人に相談してみてもいいかなと思っていただけるか、そのための技術が必要になります。

(4) 社会資源に関する情報――社会福祉サービスの根拠となる法律・制度、施策、活用可能な社会資源やサービスメニュー

特に社会福祉制度や医療制度、さまざまな公的なサービスについての知識を獲得しておく必要があります。インフォーマルな子どもの遊び場や、ベビーカーでも買い物しやすいお店の情報なども時には求められます。

技術については、以下の節でバイスティックの７原則とマイクロカウンセリングを紹介しましょう。

2　対人援助の基本的姿勢――バイスティックの７原則

相談援助の基本的な態度を示す「バイスティックの７原則」というものがあります。「人間の尊厳」という価値を、「あなたは大切な人なんですよ」というメッセージを通して確実に相手に届けるための原則です。バイスティックはポーランド出身のソーシャルワーカーで、自身の実践からこの原則を導きだしました。

(1) 個別化 ――「一般の人」でなく「個人」として捉える

このような時期にはこういった悩みをもつという、多くの人々に共通する一般的な問題には、すでにわかっていることがたくさんあります。たとえば、小学校に入学して間もない子どもに夜尿やチックという問題行動が出て、その母親はひどく悩み、落ち込んでいるとします。子どもは新しい生活に緊張状態が続き、自身の許容量を超えたオーバーフローな状態で、母親はこのまま学校に行けなくなるのではと深刻な様子です。それに対して、「これは一般的によくあることだから気にしないで」とさらりと流すのではなく、その母親にとって初めてのオリジナルな問題として、大切に扱いましょうということです。

(2) 意図的な感情表出 ―― クライアントの感情表現を大切にする

相談に来る人、すなわちクライアントに自由に感情を表現してもらうように、援助者は意図的にかかわるということです。現代の人間関係では、「恨み」や「憎悪」などネガティブな感情はなかなか表現しにくい状況があります。それらの感情を閉じ込めておくことは、メンタルヘルスに悪い影響を与えることになります。たとえば「疲れちゃった」というつぶやきをキャッチし、丁寧にすくい上げ、「何かありましたか？ よかったらお聞かせください」と、さらに感情表現を促すかかわりをすることが必要です。

(3) 統制された情緒関与 ―― 援助者は自分の感情を自覚して吟味する

相談に来るクライアントにはさまざまな方がいます。「人間の尊厳」という価値を基盤にしなければなりませんが、援助者も神様でも聖職者でもありません。時には、苦手な相手や発言に対してイライラしたり、「どうしてわが子のことを『死ねばいい』などと言うんだろうか、理解できない」と怒りが湧いてきたりなど、さまざまな感情が浮かんでくることがあります。その感情を押し殺すのではなく自覚することで、客観的に自分自身を捉えることにつながります。自分の感情に振り回されず、コントロールしながらクライアントと対峙することが必要です。

(4) 受容――クライアントをありのまま受け止める

相談者が何を語っても、前後関係や先に話したことと矛盾があっても、現実的ではないことだとしても、いったんは「～のように感じられたのですね」と否定をせずに共有する姿勢のことをいいます。簡単なようですが「ありのまま」をそのまま受け止めるには、(3)の統制された情緒関与が非常に大切です。

　筆者のこころのケア相談の場面での出来事です。目の前にわが子（重症心身障害のため寝たきり状態）がいる状況で、お母さんは「私の本当の由紀ちゃん（仮名）は死んでしまったんです」と語りました。現実にはその子どもは生きてここにいます。筆者は心の中でとても焦り、「どうしてそんなこと言うのだろう、現に目の前に生きている由紀ちゃんの存在を否定することになるのではないか」と思いました。そこで、その感情を自覚し（統制された情緒関与）、受容するという原則を思い出しました。受容では、生きている、死んでいるといった事実関係を問うことはせず、受け止めることが重要です。筆者は「死んだ由紀ちゃんは、今どこにいるんでしょうね。天国から見てるかな、それともこの部屋のどこかに遊びに来ているかな」と対応しました。相手の語りを前提にして、受け容れて話を進めることで信頼関係をつくることができました。

⑸ 非審判的態度――援助者の価値観で判断しない

審判というと、裁判における判決などを意味する言葉なので重く聞こえるかもしれませんが、私たちは案外簡単に、日常生活の中で相手への決めつけを行っています。「そんなことはだめだよ」と注意することから、保育士や教員が「早寝早起きをさせないから、気持ちが安定しないいんですよ。きちんと生活リズムを整えてください」などと常識的な判断を伝えることまで、よくあることです。一見正しいとされることでも、相手がそれをできない理由や背景をまずは思いやり、想像することが重要です。正しさを伝えることによって信頼関係を構築できない場合もあります。

筆者が児童虐待について取材を続けるルポライターの杉山春さんとお会いしたときに、杉山さんは親に対する「早寝・早起き・朝ごはん」という指導が児童虐待を生む可能性があると話されていました。ある母親は、イライラして子どもを叩きそうになる状態を自覚したときには、この3つのうちの1つか2つを実行しないという方法をとっているそうです。

⑹ 自己決定――クライアントの自己決定を促し尊重する

自分のことは自分で決めるという原則です。援助者は経験から、より正しい選択やクライアントに合う方法を見つけだせることがありますが、相手を思いやって先回りして、「○○の方がいいと思う」と指図することは避けなければなりません。たとえ遠回りであったとしても、「自分で決めたことだから」という思いが本人を強くすることがあります。しかし、最近では「自己決定ネグレクト（放任）」という言葉が出現しています。「あなたが決めることなんだから」と援助者が責任放棄する状況のことを指します。あくまでもこの原則は自己決定を「促す」という援助ですので、時にはプランを２種類提示して、それぞれのメリット・デメリットを伝えてクライアントが選択しやすい方法を検討することも大切です。

(7) 秘密保持――秘密を保持し信頼感を醸成する

私たちが想像する以上に、相談者は援助者に話したことが外部に漏れることはないかを心配しています。ネガティブな感情や自分の弱さをさらけ出すことは、とても勇気がいることで、不安でもあります。ある療育センターでのこころのケア相談でのエピソードですが、ある母親は「ここでの記録は子どもの主治医や通園クラスの担任の先生が見られるカルテに入りますか」と心配そうに質問されました。子どもへの複雑な思いや夫への不満、自分自身の強いこだわりなどを知られると母親として失格という評価を受けるのではないかと恐れていたのです。「ここでの話は私とあなたとのこの関係の中だけで語られることとして、他者に伝えることはしません」と、あえて言語化することも必要です。危険が伴うリスクや多職種と共有することに支援のメリットがある場合には、「必ずあなた（クライアント）の許可を得ますよ」と伝えておくことで安心感を得ることができますし、援助者も必要な場合には情報共有できることにつながります。

これらのバイスティックの7原則を自らの姿勢として身につけるには、自己覚知が必要です。次の節で考えましょう。

コラム

春の風物詩

「個別化」の原則をエピソードから考えてみましょう。児童発達支援センターの4月下旬の時期の出来事です。自閉スペクトラム症と軽度の知的障害のある年長児のまゆみちゃん（仮名）は、通園クラスの自分の教室に入ることができませんでした。それは、昨年度の年中の通園クラスの教室は1階にありましたが、今年度の年長児クラスの教室は2階にあり、教室の雰囲気も担任の先生も変わり、混乱していたからです。

年度が替わって10回目の登園日、まゆみちゃんは下駄箱のある1階のテラスで泣いて、お母さんにしがみついています。自閉スペクトラム症の特徴で変化抵抗が強いし、こだわりもあることはお母さんも理解していますので、新しい教室の写真やまゆみちゃんのマークシールなど視覚的手がかりを用いて必死に対応していました。それでも泣きはおさまらず、年中児だった頃の1階の教室へとお母さんの手を強く引っ張っていきます。

そんなとき、テラスの近くにいた主任の先生がまゆみちゃんの様子を見て、他の先生に「これ、毎年の春の風物詩だね」と言うのが聞こえました。まゆみちゃんのお母さんは身体から血の気が引くほどのショックで、その場で固まってしまったそうです。おそらく主任の先生は何の悪気もなく、毎年この時期に自閉スペクトラム症の子どもたちが繰り広げる光景をつぶやいただけなのでしょう。でもお母さんにとっては全く異なる感情を呼び起こしました。

- まゆみのことなんて、先生にとってはその程度の存在なんだ
- 何千人分の一人で、全然大切に思ってくれていなかったんだ
- 私は主任の先生を「困ったときの神頼み」みたいに頼りにしていたのに、もういいや
- 今まで一生懸命、自閉スペクトラム症の対応を先生に言われた通りがんばってきたけど、疲れちゃった

「春の風物詩」という言葉は、まゆみちゃんを一人の人間と捉え、まゆみちゃんの心情になって、変化することの怖さや見通しのもてない不安を受け止めていれば、出ないのではないでしょうか。この言葉は、個別化とは真逆の「どこにでもある、よくあること」という意味となり、この章の初めに書いた「あなたのことを大切に想っていますよ」とは全く逆のメッセージを与えたことになります。

3 自己覚知の重要性

自己覚知とは自分自身を知るということであり、生育歴や職業選択、親との関係などが重要な手がかりとなります。職業やパートナーはどのように選択したのでしょうか。それ以外にも、コミュニケーションの癖や自分の容姿が他者にどのような影響を与えるかを知る必要もあるでしょう。自分自身を客観的に見ることや自分自身をニュートラル（自然・中立）な状態にするために、自己覚知は役立ちます。また、相談援助をするに際して必要なものは援助者である「自分」だけで、自分自身を相談援助の「道具」と言ったりもします。道具には丁寧な日々の手入れが必要です。

ソーシャルワークでは、以下について洞察することが求められています。

(1) 信条
(2) 行動様式
(3) パーソナリティ
(4) 能力
(5) 感情のメカニズム

(6) 職業選択の動機付け
(7) 相談援助の価値の内在化

ここから、いくつかピックアップしてわかりやすく説明しましょう。あなたには、(1)信条や座右の銘といったものがあるでしょうか。すぐに答えられる人とそうでない人がいると思います。筆者を例にすれば、「意図的ないじわるをしない」とか、高校の卒業式に恩師から贈られた「春は寒い冬を越えてくるからあったかい」などが思いつきます。これを考えることによって自分自身の好き嫌いがわかります。自分の好き嫌いを自覚することによって、意図的に相手を貶《おとし》めてやろうとか傷つけようとするクライアントは苦手であり、ありのままの「受容」が難しいかもしれないと、自分自身の感情に気づくことにつながります。この振り返りは、〈統制された情緒関与〉を促します。

また、(6)職業選択の動機付けについてですが、あなたはなぜ今の仕事を選びましたか。医師・看護師などの医療職や社会福祉職は、自分自身が救われたいから他者を救う職業を選んでいるとよくいわれますが、いかがでしょうか。このことへの気づきがないと、対象者に共感というよりも同調をし、「共依存」という関係になる可能性があることも指摘されています。

上記の７点を洞察するに際して、以下の点を考えることも重要です。

①生育歴

②親やそれ以外の家族との関係
③コミュニケーションの癖
④その他：容姿やビジュアル、趣味・嗜好など

自分自身の生育は、上記7点のほとんどに関連があるでしょう。もちろん資質として持って生まれたパーソナリティも感情のメカニズムもありますが、親や家族からの影響には多大なものがあるでしょう。よく言われるのがアルコール依存症の親をもつ援助者は、クライアントが「ワインが好きで」と語っただけで「お酒は絶対だめですよ」と無自覚に〈非審判的態度〉と逆の対応をしてしまいます。親だけでなくパートナーとの関係が影響することもあります。支援者自身が、夫が企業戦士のような働き方であるためワンオペ育児をしている場合に、子育てサロンに来た父親に対して必要以上に「家事育児の手助けをするべきだ」と熱弁をふるってしまうこともあります。

また、パーソナリティとコミュニケーションの癖も深くかかわっています。優しい性格で常に相手の思いを尊重する行動様式のタイプの援助者は、クライアントと対決するのが難しい場合があることを自覚する必要があるでしょう。ここでいう対決とは、喧嘩をするということではありません。「自己決定」を確認する際には、クライアントの心に立ち入る必要があるでしょう。また、クライアントにとっては耳の痛いことを聞いたり、提案したりする場面もあります。そういうことが苦手であると自分を知っておくことで、具体的な面談プランを立てるな

どの対策をあらかじめ考えることができます。

最後に、④その他についてふれておきます。自分自身の容姿をどのように評価していますか。ここで重要なのは美しいことが良いということではありません。自分の外見が相手にどのような印象を与えるかを知っておくことが大切です。容姿端麗な援助者に対してクライアントはどのように感じるでしょうか。ひょっとしたら「あなたは綺麗で、何もかもに恵まれていて、頭も良かったから、こういう仕事についているんだ。私の気持ちなんてわかるはずがない」という感情を抱かせるかもしれません。それは信頼関係を構築するには不利なスタートになる場合もあります。クライアントの価値観や嗜好によっても異なり、正解はありません。

筆者の場合、長くかかわっているクライアントから「初対面の時は、すごくまじめで堅物《かたぶつ》だと思った」と言われることが多いので、信頼関係がある程度できるまでは、リラックスできるムードになるように心がけます。また、「パンツスタイルだとクールな感じがする」と言われることもあり、初めての面談の際には柔らかさを伝えるためフレアースカートをはくことが多くなりました。これは技術というよりも、相手が安心して話ができるよう、少しでも心をオープンにしていただくための支援者としての礼儀だと思います。

コラム

1000円のロレックスの腕時計

筆者が療育センターのソーシャルワーカーの主任をしていたときのエピソードを紹介します。月曜日の朝、30代後半の信頼のおける後輩である高橋ソーシャルワーカー（仮名）が、先週末のお祭りの縁日で買ったという偽物のロレックスの腕時計をしてきました。スタッフルームで周囲の同僚たちと「これ明らかに偽物ってわかるよね」「大きさも文字盤も全然違うし」などと笑い合っていました。高橋さんは「1000円だし、大きくて見やすいから使い勝手が良いよ」と応じ、そのまま10時からの面談のため相談室に行きました。

その日のクライアントは、小学校2年生になるダウン症の子どものお母さまで、高橋さんはその子どもが0歳の時から担当しており、長い付き合いで深い信頼関係がありました。保育所選びや就学先の相談など、成長の節目に応じて相談に乗っていました。この日はおけいこ事を始めたいということで相談にいらっしゃいました。療育センターには提携しているダンススクールやピアノ教室もあり、さほど深刻な内容の相談予定ではありませんでした。しかし、スタッフルームに戻った高橋さんは、「なんか今日、変な感じで、今までのように心が通うようなコミュニケーションができなくて、途中からすごくよそよそしくなっちゃって。不適切な言動をしてしまったのでしょうか。特に心当たりはないんですけど、どうしましょう」と肩を落としていました。

それから1時間も経過しないうちにお母さまから、主任である筆者あてに電話がかかってきました。開口一番「担当ソーシャルワーカーを変えてください」という要望でした。丁寧に理由を聞いていくと「高橋先生は私を食い物にしたんですよね」「私は長いあいだ高橋先生を信頼して、夫にも言えないような親への憎しみや、時にはわが子のことをかわいく思えないと恥さらしのような話までしてきたのに、それを全部お金に換えて、ロレックスの時計にしたんです」と、泣きながら一気に語ったのです。そして怒りや裏切られた不信感などを強く訴えました。

支援者からすれば、たかが腕時計かもしれません。しかしクライアントは支援者の姿をよく見ていて、そこから何らかのメッセージを受け取っています。１０００円の偽ブランドの時計が7年間の信頼関係を壊してしまうとは皮肉なことですが、身に着けるものにも細心の自己覚知が求められます。

4　面接技法――マイクロカウンセリング

悲嘆にくれている人、世の中を信じられない人、親から虐待を受けて来た人、いじめを受け教師からさえも守られてこなかった人、失業して貧困に陥っている人々など、さまざまな状況の中で傷ついている人々と信頼関係をもつことは難しいことかもしれません。どのようなコミュニケーションをとれば、「この人に相談してみてもいいかな」と思っていただけるでしょうか。単なる優しさや思いやりだけではうまくいきませんし、それにはソーシャルワークの構成要素の一つである技術を身につけることが必要です。

面接に関する一つの技術として、「マイクロカウンセリング」について学びましょう。マイクロカウンセリングの大きな特徴は、コミュニケーションを非言語的コミュニケーションと言語的コミュニケーションに整理したことにあります。人と人とがコミュニケーションをする際には、何らかのメッセージ交換が行われています。メッセージ交換全体を100%としたとき、82%が非言語、18%が言語によってもたらされるという研究報告があります。人に何かを伝えるのは言葉ではなく、言葉以外のコミュニケーションが重要であることを押さえておきましょう。「目は口ほどにものを言う」なんていう諺《ことわざ》もあります。

1 非言語的コミュニケーション

(1) 視線や表情――「聴いていますよ」というメッセージ

適度に視線を合わせる、話題に表情を沿わせるということは、「あなたを受け止めますよ」というメッセージを確実に伝えます。また、相手が泣く、怒るなど感情が揺れたときこそ、視線をしっかり合わせることが大切です。「私はあなたから逃げませんよ！」という想いを伝えることができます。感情的な相手からは逃れたい、あるいは相手をなだめたいと思うのが自然な反応ですが、バイスティックの７原則の〈統制された情緒関与〉を思い出しながら、実践します。

(2) 体勢 ――「身体言語」といわれるほど相手にメッセージを伝える

身体の向きやジェスチャーを含めた身体の動きのことを指します。これらは身体言語として相手にメッセージを伝えます。のけぞって腕を組んでいる人に悲しい気持ちなど話したくありません。やや前傾姿勢でいることが「あなたの話を聴きたい、あなたに関心があります」というメッセージを伝えます。足を組んだり、髪をかきあげたりするのはＮＧです。

(3) 声の調子 ―― 話すスピードや声のトーンを話題にマッチさせる

声は相手に大きな力を与えることができます。最近は電話を使うことがほとんどありませんが、「声を聞いただけで安心した」という経験はみなさんにはないでしょうか。話すスピードや声のトーンを話題にマッチさせるなどの工夫が必要です。

2 言語的コミュニケーション

(1) 質問 ―― 開かれた質問と閉ざされた質問の使い分け

質問の技法には2種類あります。開かれた質問（オープン・クエスチョン open question）とは５Ｗ＋１Ｈで始まる質問で、閉ざされた質問（クローズド・クエスチョン closed question）とは

「はい」「いいえ」で答えられる質問です。状況に合わせて開かれた質問と閉ざされた質問を使い分けることが重要です。

開かれた質問の一つの例として、「どうして（Ｗｈｙ）？」という質問は、相手に考えることや意見を求めることになります。自由意思を確認できるというメリットがありますが、悲嘆にくれている人との面接の導入には不適当でしょう。閉ざされた質問は「はい、いいえ」という二者択一で答えられますので、思考することは必要ありません。しかし、閉ざされた質問ばかり続けていると、クライアントがどのようにしたいのかという「自己決定」を促すことができません。それぞれのメリットとデメリットを知り、状況に合わせて応答を組み立てます。

朝食を例にして考えてみましょう。

> 小学1年生のC子ちゃんは、登校したときから顔色が冴えず、だるそうな様子です。担任教諭が保健室に連れていき、体温を計ると35・7度と、子どもにしては低体温でした。養護教諭は栄養の不足による低体温かもしれないと考えました。C子ちゃんは横になって起きあがる元気もないので、保護者に電話をかけ、迎えに来てもらうことにしました。

この場合、養護教諭から保護者への**開かれた質問**では「**朝ごはんは、何を食べましたか？**」

となり、**閉ざされた質問**では「**朝ごはんは食べましたか？**」となります。C子ちゃんの母親の立場になって考えてみると、朝食を食べさせていなかったときに開かれた質問をされた場合、どんな気持ちになるでしょうか。保健室の先生に朝食を食べさせていないなんて言ったら、どう思われるだろうか、何とかとりつくろわなければ、ヨーグルトとでも言っておこうかな、などと、頭の中でいろいろ考えなくてはなりません。閉ざされた質問の場合には、とりあえず回答でき、ワンクッションをおくタイミングをもつことができます。

⑵ 最小限度の励まし ――「促し」などのメッセージや安心感

「うん、うん」「そうですね」などのあいづちなどをいいます。最小限度の励ましは、励ますという言葉から「がんばって」「大丈夫ですよ」と言うことを想像しますが、そうではありません。「なるほど」や「もう少し聞かせてください」など、コミュニケーションを促進させる合いの手と捉えるとよいでしょう。

⑶ 言い換え ―― クライアントの言ったことの「本質」を返すこと

事実や出来事に着目します。「本質」を捉えた対応をするのが難しい場合には、要点やクライアントの言葉のキーワードを返すことでもよいでしょう。**最小限度の励まし**の合いの手よりも、支援者に自分の伝えたいことが確実に受け止めてもらえているという安心感をクライアントに与えることにつながります。また、信頼関係ができていない段階で、「大変でしたね」「さぞ、おつらかったでしょう」と相手の感情に同調すると、いきなり心の中に土足で踏み込まれた気持ちになる人も少なからずいます。また、支援者に対して「私の何がわかるの」という反発の感情を生む場合もあるので、まずはことがらに注目して応答することが大切です。

(4) 感情の反映——感情や情動に応えること

出来事ではなく、気持ちや認識についての語りに着目して応答することです。まずは相手の語られた「~がつらいです」「もう、疲れてしまった」や「○○がとてもうれしかった」などの、否定的・肯定的にかかわらず感情を伴う言葉を拾い上げて、「○○と感じられたのですね」とフィードバックする技術です。すると、クライアントは自分の気持ちや感情にも目を向けてもらえていると感じ、「大切にされている」「私は心をかけてもらえる存在である」と心強い思いになります。また、支援者がクライアントの言語化されない感情を顔色や振る舞いから注意深く観察し、「お疲れですか」や「何か楽しいことがありましたか」などと代弁することによって、クライアントは関心を寄せられている、気にかけてもらえていると実感し、信頼関係がさらに前進することにつながります。

(5) 肯定的側面への焦点づけ技法——クライアントの可能性や肯定的資質に着目し支持する

ソーシャルワークには「ストレングス」という視点があることを紹介しました。どんな人にも「強み」があります。当たり前に思えることでも、クライアントができたことを取り上げて、それを支持するという技術です。

マイクロカウンセリングをどのように用いるか、事例を挙げて説明しましょう。

朝9時に3歳児のたかし君を連れて保育所に登園してきた母親が、担任保育士に向かって、「昨日さ〜、旦那の帰りが遅いからさ、イライラしちゃって、子どもがグズグズ言うから、思わず叩いちゃった」と言いました。

この母親の発言に、担任保育士がマイクロカウンセリングの技術を用いて対応すると、以下のようになります。

- 言い換え――「あら、旦那さん帰りが遅かったのね。ごはんもお風呂も寝かしつけもお母さん一人でやったのね」（出来事）
- 感情の反映――「一人で何もかもやらなきゃいけないと、イライラしちゃうよね、大変だよね」（気持ち）
- 肯定的側面への焦点づけ技法――「でもさ、お母さん、大変だったのに、ちゃんと9時に登園してくれてありがとうね。たかし君も園庭で自由遊びがたくさんできてうれしいと思うよ」（できたことへの支持）

「子どもを叩くことはいけないことですよ」といった正論で担任保育士が応じてしまうと、この母親はどんな気持ちになるでしょうか。まずはバイスティックの7原則にある〈受容〉からスタートすることによって、信頼関係が構築できます。「あなたを受け容れていますよ」という心的メッセージを伝えるためには、マイクロカウンセリングの技術を用いることが必要でしょう。改めてソーシャルワークの3つの構成要素を思い出してください。人間の尊厳という〈価値〉をバイスティックの7原則という知識によって身につけ、マイクロカウンセリングという〈技術〉を通して、相手に確実に届けることができるのです。

5　相談援助のプロセス

相談援助では、相談のはじまりから終結までの一連のプロセスの中で支援が展開されます。6つの段階に分けて解説しましょう。

(1) ケースの発見

ケースの発見には、利用者が自ら相談に来る場合と、自らは問題とは感じていない、あるいは隠しておきたい問題を通報される場合とがあります。問題を発見し、相談援助への接点をつくる段階といえるでしょう。

(2) インテーク（受理）

利用者とかかわりを始める段階です。インテークには取り入れる、受理するという意味があり、この段階での面接のことをインテーク面接といいます。この面接の目的では、相談者と利用者との間に信頼関係（ラポール）を築くことがまずは重要です。この段階で求められる技術は〈受容〉です。

(3) 情報収集とアセスメント

援助の方針を立てるためには、必要な情報の収集が必要となります。子どもの問題に関する訴えの場合には、子ども自身と親に関することがらの双方を丁寧に聞き取ることが求められます。これらの情報をもとにアセスメントを実施します。アセスメントとは事前評価や初期評価という意味をもち、利用者の能力や抱える問題を見極め、状況分析・問題解決をするための方向性を見出すことが目的です。この段階ではプライバシーに関わる情報にもふれるので、ラポールを形成しながら〈秘密保持〉を確認することが重要です。

(4) プランニング

アセスメントの結果に基づいて、援助計画を立てる段階になります。具体的には解決目標、解決の手段や方法の検討・計画、期間という3つを含む必要があります。専門職や支援者だけで決めるのではなく、利用者が参加し、主体的に計画できることが重要となります。バイスティックの7原則である〈自己決定〉を意識しましょう。

(5) インターベンション（援助の実施・介入）

プランニングに基づき、ソーシャルワーカーが具体的に利用者を積極的に援助し、問題解決を図る段階になります。インターベンションは直接的援助と間接的援助に分けられます。直接的援助には、①助言およびそれに対する意見への傾聴、②不安の除去、③心理的な支持、④問題の意識化・言語化があります。間接的援助には、①仲介機能や社会資源の活用を促す、②代弁機能、③環境調整、などがあります。

⑹ エバリュエーションと終結

エバリュエーションとは総合的な評価という意味です。インターベンションによってさまざまな援助や介入がなされた後に、①解決目標が解決されたかを確認し、②援助内容が適切であったかの振り返りを行う段階となります。解決目標が達成されたと評価し、利用者自身も問題解決がなされたと合意できて終結を迎えることになります。

特に重要なのはアセスメントとプランニングです。現代の子ども・子育てにかかわる問題は、たとえば、児童虐待や不登校、子どもと家族の精神疾患、それらに加えて経済的困窮などと複雑化・重層化しています。問題の解決のために、一つの機関内でも多くの専門職がかかわり、医療機関ではケースカンファランス、福祉施設などではケース検討会が頻繁に行われています。また、子どもや家族がかかわる複数の機関が一堂に会し、ケース検討会を行うこともしばしばあるでしょう。児童虐待のリスクや非行等の問題では、行政がコーディネートして要保護児童対策協議会が開催されています。

その協議会やケース連絡会においてそれぞれの機関のもつ情報を共有し、なんとなく全体像が把握できた思いがして、何か問題が起きたら連絡を取り合いましょうという結論で終了してしまうことがあります。そうではなく、何が問題であり、解決すべき課題は何かとゴールを焦点化し（アセスメント）、そのゴールに向けてどの機関の誰が（Ｗｈｏ）、具体的にどのような方法を用いて（Ｈｏｗ）、いつまでに解決するか（Ｗｈｅｎ）というプランニングを明示しなければなりません。単なる情報の共有では、利用者に還元できる支援につながらず、他人のプライバシーをあからさまにするだけの秘密保持に反する行為になるともいえるでしょう。

［引用・参考文献］

Ｆ・Ｐ・バイスティック（２００６）『ケースワークの原則――援助関係を形成する技法　新訳改訂版』尾崎新・福田俊子・原田和幸訳、誠信書房
福原眞知子監修（２００７）『マイクロカウンセリング技法――事例場面から学ぶ』風間書房

第9章 支援者自身のメンタルヘルス

最後の章では、支援者である私たち自身について目を向けてみましょう。

1　感情労働をする私たち

相談援助において相手の怒りや満たされない想いを受け止めることは、非常に大変なことです。本来、人間は心の安全装置をもっていて、悲しみや苦しみ、怒りなどの激高する感情からは逃げたい、自身を守りたいという機能が発動するとされています。

たとえば、プライベートな時間に友人とおしゃべりしているときに、友人から「最近、仕事でも家庭でもいろいろあって……、なんかさ～、もうどっか消えてしまいたい気分なんだよね」と言われたとします。みなさんは、どのように対応しますか。

①何があったの？　パートナーと喧嘩でもしたの？　親の介護のこと、それともお子さんのことかな。仕事の方はどうなの？　まさか転職でもする気じゃないよね？

②どっか消えてしまいたい気分なんだね。それは、つらいよね。どんな気持ちなのかよかったら詳しく聞かせてくれる？

③ちょっと疲れているんじゃないのかな。そういうときは美味《おい》しいごはんとお酒でパッと気分転換するのがいいよ。今週末、一緒に行こうよ。

筆者なら③の対応をするでしょう。その心の内は、「まさか『死にたい』なんて言い出されたらどうしよう。ちょっとそんなこと言われても困るし、早く元気になってもらいたいから、美味しい時間を共有して何かの助けになれば」というところでしょうか。もう少し深く分析すれば、安全を求め、他者の激しい感情の渦から逃れたいという心の防衛本能であり、人間としての自然な感情や行動というわけです。

ところが、相談援助の場面では、①や②の対応を求められます。具体的に表現する言葉は異なるとしても、①では具体的な出来事や事実を確認しながら問題解決を目指す対応です。マイクロカウンセリングの「開かれた質問」や「閉ざされた質問」を駆使しています。②では相手のネガティブな感情に寄り添い、バイスティックの７原則である〈受容〉やマイクロカウンセリングの「感情の反映」を用いています。①②双方とも、本来であれば逃げたいという思いを封印しています。具体的な出来事か、あるいはそれに伴う感情か、対象は異なりますが問題に切り込んでいきます。相談援助をする私たちは、心の安全装置を取っ払い、生身の心と感情を用いて相手に向き合うということになります。言い換えれば、相談援助は「感情労働」であり、その「道具」は私たち自身なのです。

2　傷つきをシェアする

感情労働する私たちは、相談援助の中で傷つくことが多くあるでしょう。一人の私人としての生活においても、さまざまな困難や悩みに遭遇することがあります。自分自身が心地よく暮らしていくことは、とても大切なことです。自分自身が「道具」ですから、不安や悲しみ、あるいは恨みなどの感情があったとしても、できる限りのコントロールをすることが求められるでしょう。大切なことは自分自身の「傷つき」をそのままにしておかないということです。

自分ひとりで調整できることもありますし、他者の存在がある方がよい場合もあるでしょう。他者といっても、個人情報保護や秘密保持の観点から、プライベートな関係性の中では語ることができないこともしばしばあり、家族に仕事の大変さを理解してもらえないと嘆く声も時おり耳にします。

1 他者との傷つきのシェア

小児がんで子どもを亡くした家族の支援にあたるソーシャルワーカーの友人から聞いた話です。その職場では一日の仕事を終えた後に、必ず「荷下ろし」という時間が設けられているそうです。相談担当をするソーシャルワーカー同士が、その日に会ったクライアントが話したこと、それに伴う支援者の気持ちなどをただただ語るという場のことをそう名付けています。「荷下ろし」とは、支援者の肩や背中に知らず知らずのうちに背負ってしまう心の重荷のことをいうのかもしれません。自分の心の声に耳を傾けて、それを語るためには、ジャッジをしない受け手や聞き手が必要なのだと思います。相談援助の場でのクライアントとの関係においても全く同様なことがいえると思いますが、同僚間での荷下ろしという対話では、お互いが語り手・聞き手と役割の交代がなされる点が異なります。

他者が必要なケースでは、仕事や研究会の場での事例検討やケースカンファランスという方法も推奨します。先の「荷下ろし」と違うのは、これは第8章でみた相談援助のプロセスの一環であり、アセスメントやプランニングというケースの問題解決を目指している点です。自分自身の感情をダイレクトに内省することにはなりませんが、さまざまな意見を聞くプロセスでクライアントの評価が更新され、その結果、援助者自身の見方が広がり、結果的に傷つきが軽減されることはよくあります。認識が変わることが感情にも影響を与えることは当然のことかもしれません。

荷下ろしや事例検討といった正式な集まりでなくとも、同僚間でのおしゃべりなどで傷つきをシェアすることもできます。ある日、初めて会うクライアントからカウンセリングの場面で「先生は私をグルーミング（「心を癒やす、無条件の肯定や受容による信頼」などという意味で用いたと想像します）できなければ存在する意味がない」と言われ、筆者はずっと心に引っかかっていました。夕方スタッフルームに戻り、このクライアント担当のソーシャルワーカーとの雑談の中でこの言葉を伝えました。すると、このクライアントの職業上の立場や夫婦関係などに対するコメントを聞くことができ、理解が深まることでモヤモヤが軽くなりました。

雑談で注意しなければいけないのは、クライアントの責任にするような悪口にしないことです。この事例でも一歩間違えば「なんで、訳のわからないことを言うんだろう」や「自分がうまくいかないことへの憂さ晴らしだね」という話で終えてしまうことになります。そうすると後に罪悪感が生じ、かえって支援者の傷つきは深くなると思います。

2 一人でもシェアできる

次に、一人で調整できる方法について提案しましょう。

⑴ 日記療法

傷つきをシェアする相手は、もう一人の自分という方法もあります。精神療法の一つに「日記療法」というものがあるのをご存じでしょうか。お勧めするやり方は、毎日ではなく、感情の揺れ幅が大きかった日に日記帳を開いて書いてみることです。書くという作業は、自分を客観的に俯瞰的に見ることです。その結果、自分自身の感情が整理され、傷ついた理由が明確化されると、心が自然とラクになります。

ある精神分析医のクリニックでは、初診の申し込みの際に診療予約をとる条件として、おおむね2か月分の日記を提出することを求めています。2か月の間、日記を書くという営みを通して精神的な不調が軽減され、実際に初診に至る人は2～3割程度になると聞きました。このエピソードからも、必ずしも現実の他者がいなくても、もう一人の自分との対話を通して傷つきをシェアできることがわかります。

⑵ 機嫌の良い自分

もう少しお手軽な方法として、機嫌の良い自分になることです。そして機嫌が良くなる方法を見つけておくことです。これにはお金と時間がどれだけかけられるかによって、さまざまなバリエーションがあります。たくさんかければよいということではなく、自分自身がどれだけ心躍るかがポイントです。第1章で述べた、世間が発信する手垢にまみれた「幸福モデル」に合わせようとしていないかに注意しましょう。長期の休暇をとって海外旅行というプランに心惹かれる人もいれば、全くそうでない人もいるでしょう。自分の腹の内によく聞いて、そこから湧き上がるオリジナルなものがいいですね。

機嫌の良い場所・機嫌の良い関係・機嫌の良い時間・機嫌の良い物と、４つに分けて考えるのもよいでしょう。機嫌の良くなる言葉、機嫌の良くなる音楽などとさらに細分化できるかもしれません。筆者はカウンセリングのクライアントにもよくお勧めしています。

もう少し具体的なイメージが湧くように、筆者や友人の好みを紹介します。ワイン好きな友人は憂鬱な気分になると、買う予定も全くないのに百貨店の地下のワイン売り場に行くそうです。国別に整理されたワインボトルのジャケット（ラベル）などを見ると気分が晴れて、そこが心躍る場所になっているそうです。布が好きな知人は、着物の帯揚げだけを箪笥《たんす》から出してきて、それに触れて感触を楽しむことで自分自身を取り戻すそうです。筆者は毎朝、自分の手でコーヒーをドリップする時間が好きです。大それたことでなくても、自分が機嫌よくなる方法を探してみてください。

一人ではどうしても抱えきれないという場合には、専門家の手を借りてもよいでしょう。ここで紹介するのは精神医療やカウンセリングといったものではなく、私たちの暮らしにもう少し身近なものです。別の言い方をすれば、金銭が介在する相手といってもよいかもしれません。病気までとはいかないけれど、アロマトリートメントやマッサージなどで人の手を借りて身体のメンテナンスをすることはありませんか。心と身体は相関があるので、相性の良いセラピストであれば、施術の間に心のモヤモヤを少し語ることができるかもしれません。スピリチュアルに興味のあるアロマセラピストも多くいます。また、第5章でふれましたが、行きつけのお店のマスターや常連客同士でも、語り手・聞き手の関係になることはしばしばあるでしょう。繁盛するバーのバーテンダーは精神科医やカウンセラーよりも有能な聞き手であることは、しばしば語られる話です。

どうぞ自分にマッチする、自分らしいやり方で「日々是好日《ひびこれこうじつ》」の機嫌よい時間をおもちくださいね。それがきっと子育てに葛藤する親への最大のサポートにつながるはずです。応援しています。

3 一人の語りを受け止められる可能性

リアルな他者もすぐにはおらず、一人では機嫌が良くならない場合はどうしたらよいでしょうか。そんなときは、インターネット上のコミュニティも心情をシェアする場になるかもしれません。SNSにはリスクもあることに留意することは必要ですが、自分の発信したメッセージに、時間差があっても誰かが応じてくれることが支えになることはあるでしょう。

最後に、筆者の個人的な体験で恐縮ですが、傷つきをシェアしたエピソードを紹介します。子育て支援の現場では児童虐待のケースに出会うこともありますし、加えて児童虐待の死亡事例の分析・施策提言をしている立場から、生々しい深刻な情報にふれることがあります。

そのようなタイミングがたまたまお盆の時期と重なり、両親のお墓のあるお寺でお施餓鬼供《せがきく》養《よう》があり、例年どおり参加しました。お施餓鬼とは盂蘭盆会《うらぼんえ》またはその前後に諸寺院で、飢えや渇きに苦しむ死者の霊魂にお供えをし、供養する法会《ほうえ》です。そこには多くのご住職が参集し、リズムを凝らして経典を唱えます。それは時に重たく、時に美しい声であり、声明《しょうみょう》と表現されます。供養の思いを念じながらおごそかな気持ちでいたところ、ご住職の唱える声明に非業《ひごう》の死を迎えなければならなかった子どもの声が混じり合うように聞こえてきました。

科学的には説明できない不思議な体験をしました。このような体験をしたのはおそらく、親に殺された子どもの苦しみを感じた自分自身の感情を昇華できていなかったからだと思います。この体験や思いは、スピリチュアルめいていて誰彼に話すことは憚《はばか》られる内容です。日記に書いてもまだ何かが引っかかっていたのでしょう。「お施餓鬼や亡き子の声と声明と」と俳句にし、句会に投稿しました。読んでいただき、受け取り方や解釈はさまざまであっても他者からコメントを受けることによって、この感情をシェアすることができたと思います。

日記と異なる俳句や短歌の効果は、読み手がいることです。それを前提にするために、自分の心情をより一般化し、言葉の抽象度を上げる必要があります。自身の気持ちをさまざまな視角から照射するプロセスで、感情の渦からいつのまにか脱出していきます。さらに、俳句に書かれた思いを読み手が必ず受け取ります。少ない音数の言葉から読み手が何を理解するかは未知数ですが、他者の存在がある俳句や短歌には、傷つきをシェアする場となる可能性があります。そういった効能があるからこそ、俳句や短歌がこれだけ長い歴史をもち、孤独・孤立の現代においても大きなムーブメントになっているのかもしれません。

何よりも、自分自身が心地よい方法やツール（道具）を見つけてほしいと思います。それらは目の前にいるクライアントにも直結しています。支援者とクライアントは地続きにあり、私たちに役立つことは、必ずクライアントにとっても役立ち、支援のバリエーションを豊かにすることでしょう。

おわりに

本書は、研究者あるいはソーシャルワーク実践家としての筆者の問題意識を端緒に書かれたものです。加えて、私人である一人の人間として感じる、現代社会における「人とのつながり」への危惧が、執筆を後押ししたと思います。それは、娘やその友人の子育ての様子を近くで見たり、サポートしたりする中で感じたことです。

出産を無事に終えた入院中の母親たちは安堵感もあり、同室内でおしゃべりをしたり、授乳をしながら情報交換などをするのが常だと思っていました。しかし、昨今はそのような人間関係は生まれず、話しかける母親もほとんどいないという状況だそうです。その理由を尋ねてみると、「どんな人かわからないでしょ。『LINE交換しよう』なんて言われたら困るし、危険だよ」という反応がいくつもありました。地域にある子育て支援センターなどに行かない理由も上記とほぼ同じもののようです。

現代社会は「他者」を、もっと大きく言えば、自分が存在する「世界」を信頼できない感覚に覆われているようです。そのような状況の中で子育てしなければいけない親は過酷な日々を過ごしていることになります。ひとりで危険な世界で子どもを守らなければならないのですから、非常に深刻な状況であるということです。その一方では、親や親戚、学生時代からの親友という少数の特定他者への絶対的な強い信頼があり、その狭い関係の中で親たちは子育てをしています。それも実家や育った地元から離れることなく子育てができる場合にかぎって実現できるものです。地元を離れて子育てしている人は非常に多いというデータもあります。

そのような現代社会の子育てにおいて、勇気をもって苦しい心情を吐露した親に対して、それがたとえ間違っていたとしても、受け容れてくれる支援者や近隣の人々がいればどんなに救われることでしょう。それは、たった一人でも良いのです。本書を読み終えたあなたが、その一人になってくださることを期待しています。

末筆になりますが、福村出版代表取締役社長である宮下基幸様に心から感謝の意を申し上げます。2020年に、札幌市にある社会福祉法人麦の子会の北川聡子さんとのご縁で、麦の子会の実践をまとめられた同社刊行の『子育ての村ができた！――発達支援、家族支援、共に生きるために』を送っていただきました。その小さなつながりだけを頼りに本書の企画を申し出たにもかかわらず発刊のためにご尽力いただきました、その懐の深さに敬服いたします。また編集実務をご担当いただきました吉澤あきさんには緻密に丁寧に原稿を読んでいただき、的確なアドバイスをくださったことにお礼を申し上げます。
そして最後に、これまでご縁をいただいたすべてのみなさまにも「ありがとう」を。

２０２５年１月

一瀬早百合

❖ 著者紹介

一瀬早百合（いちせ・さゆり）

和光大学現代人間学部教授。博士（社会福祉学）。精神保健福祉士。
川崎市児童福祉審議会委員。NPO 法人みどりなくらし有識者理事。

研究分野：児童福祉学、ソーシャルワーク。

主な研究テーマ：障害のある子どもの家族とその支援、地域療育システム、子育て支援者の規範など。

経歴：日本女子大学大学院人間社会研究科社会福祉学専攻博士後期課程修了。地域療育センターソーシャルワーカーとして実践後、洗足こども短期大学、田園調布学園大学を経て現職。

主な著書：『障害のある乳幼児と母親たち —— その変容プロセス』（生活書院、2012 年）、『事例を通して学びを深める施設実習ガイド』（編著者、ミネルヴァ書房、2018 年）、『社会福祉とわたしたち』（萌文書林、2022 年）など。

多様性の時代と変化する子育て事情
ソーシャルワークから考える子育て支援のアップデート

2025年3月20日　初版第1刷発行

著　者　一瀬早百合
発行者　宮下基幸
発行所　福村出版株式会社
〒104-0045 東京都中央区築地 4-12-2
電話 03-6278-8508　FAX 03-6278-8323
https://www.fukumura.co.jp
印刷・製本　中央精版印刷株式会社

Printed in Japan
ISBN978-4-571-42085-6　C3036